NOVAS TÉCNICAS DE EXPOSITOR ESPÍRITA

EDITORA EME

Solicite nosso catálogo completo, com mais de 350 títulos, onde você encontra as melhores opções do bom livro espírita: literatura infantojuvenil, contos, obras biográficas e de autoajuda, mensagens espirituais, romances, estudos doutrinários, obras básicas de Allan Kardec, e mais os esclarecedores cursos e estudos para aplicação no centro espírita - iniciação, mediunidade, reuniões mediúnicas, oratória, desobsessão, fluidos e passes.

E caso não encontre os nossos livros na livraria de sua preferência, solicite o endereço de nosso distribuidor mais próximo de você.

Edição e distribuição

EDITORA EME
Caixa Postal 1820 - CEP 13360-000 - Capivari-SP
Telefones: (19) 3491-7000 | 3491-5449
Vivo (19) 99983-2575 | Claro (19) 99317-2800 | Tim (19) 98335-4094
vendas@editoraeme.com.br - www.editoraeme.com.br

CRISTIANO PORTELLA

NOVAS TÉCNICAS DE EXPOSITOR ESPÍRITA

Capivari-SP
– 2018 –

Os direitos autorais desta obra foram cedidos pelo autor para a Editora EME, o que propicia a venda dos livros com preços mais acessíveis e a manutenção de campanhas com preços especiais a Clubes do Livro de todo o Brasil.

A Editora EME mantém o Centro Espírita "Mensagem de Esperança" e patrocina, junto com outras empresas, instituições de atendimento social de Capivari-SP.

1ª edição - julho/2018 - 2.000 exemplares

CAPA, PROJETO GRÁFICO E DIAGRAMAÇÃO | vbenatti
REVISÃO | Editora EME

Ficha catalográfica

Portella, Cristiano, 1955
Novas técnicas de expositor espírita / Cristiano Portella - 1ª ed. jul. 2018 - Capivari-SP: Editora EME.
208 p.

ISBN 978-85-9544-068-5

1. Expositor espírita. 2. Espiritismo. 3. Comunicação espírita. 4. Pedagogia espírita. I. Tribuna espírita.

CDD 133.9

APRESENTAÇÃO

A obra de evangelização e, notadamente a que Jesus nos concede na seara luminosa da doutrina espírita, é oportunidade rara de serviço, melhoria, aprimoramento e felicidade, cujo valor não sabemos ainda apreciar.

(XAVIER, F. C. *Bênção da paz.* Pelo espírito Emmanuel. 24 – Verbo e caminho)

COMO PRECONIZADO POR Allan Kardec, estamos vendo um crescimento na procura da doutrina espírita, bem como sua difusão por meio da internet, da televisão e do cinema. Também estamos vendo o aumento do público que comparece às reuniões públicas de esclarecimento das casas espíritas.

Infelizmente, o que não estamos vendo, é o aparecimento de novos expositores e oradores espíritas, para satisfazer essa demanda bem como para suprir a falta daqueles irmãos que já se desincumbiram de sua missão e estão voltando à Pátria Espiritual.

Assim, os voluntários são chamados à tarefa e a realizam da melhor forma possível, mas por serem em pequeno número, se repetem nessa atividade, sempre apresentando os temas com as mesmas interpretações, além do sacrifício de sua vida familiar, uma vez que são requisitados várias noites por semana, para atender as necessidades da casa espírita.

Como esse é um tema que nos preocupa, em nossas reflexões lembramos que, na nossa juventude, lá pela década de 60, havia até concursos de oratória nas reuniões regionais de mocidades espíritas. Por conseguinte, esse também era um tema tratado nas aulas da mocidade. Era natural, portanto que, lenta mas continuamente aparecessem pessoas vocacionadas e preparadas para a oratória ou para serem expositores das lições da doutrina espírita e dos ensinamentos do mestre Jesus.

Ainda recordando o passado, percebi que um grande amigo e benfeitor espírita (hoje na Pátria Espiritual) usou comigo, no início da década de 60, um método diferente para preparar um expositor, e eu me apropriei dele e apresento neste livro despretensioso.

Depois de alguns anos de mocidade, esse irmão escolheu uma obra mais simples, *O Céu e o Inferno,* para mim que vinha de outra religião, deu-me tempo para me preparar, pediu que eu escrevesse uma apresentação e, numa determinada noite levou-me a um centro espírita, com uma pequena plateia, para que eu fizesse a apresentação daquele tema. Esse foi o caminho que ele me ensinou, pelo que sou muito grato.

Recentemente passei a apresentar Oficinas para Formação de Expositores Espíritas. O resultado é muito bom, mas temos o inconveniente de que, a cada quatro finais de semana só conseguimos trabalhar com 10 pessoas, uma vez que o encerramento dessas oficinas é com a apresentação de uma pequena exposição por parte de cada participante, razão pela qual o número de pessoas é tão pequeno e o tempo relativamente longo.

A solução que encontramos foi reunir, na forma de um roteiro de trabalho, um conteúdo para a formação de expositores espíritas, o que ora fazemos, com a graça de nosso mestre Jesus e a inspiração de nossos amigos espirituais que, visivelmente participaram dessa tarefa.

Espero que ele seja útil para transmitir conceitos e estímulo para que você, leitor, também encontre o alicerce necessário para assumir o papel de pedagogo espírita.

Um fraternal abraço.
Cristiano Portella

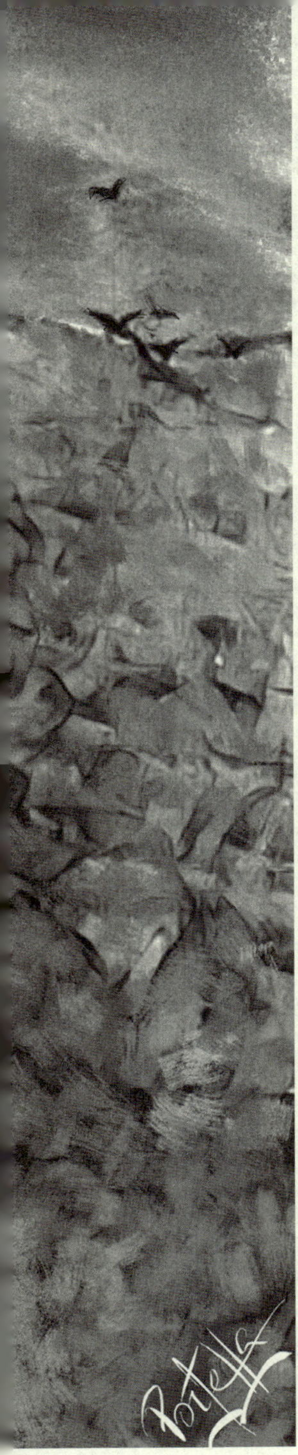

PARÁBOLA DO SEMEADOR

NAQUELE DIA, JESUS saiu da casa e se sentou à beira do mar. E as multidões que se reuniram em volta dele eram tão grandes que ele entrou num barco e se sentou, e toda a multidão ficou na praia.

Falou-lhes então muitas coisas por meio de ilustrações.

Escutem, disse Jesus: Um semeador saiu para semear. Ao passo que semeava, algumas sementes caíram à beira da estrada, e vieram as aves e as comeram. Outras caíram em solo rochoso, onde não havia muita terra, e brotaram imediatamente porque o solo não era profundo. Mas, quando o sol se levantou, ficaram queimadas e murcharam, porque não tinham raiz. Outras caíram entre os espinhos, e os espinhos cresceram e as sufocaram. Ainda outras caíram em solo bom e começaram a dar fruto, esta 100 vezes mais, aquela 60 vezes mais, outra 30 vezes mais. Quem tem ouvidos, escute.

(Mateus 1:1-9)

DEDICATÓRIA

Dedico este livro à minha família, em especial à minha querida esposa Celina, mantenedora da harmonia em nosso lar, filhas, genro e, em especial, à nossa amada neta Belinha, que transformou o outono de minha vida, numa ensolarada e florida primavera.

SUMÁRIO

1. A procura de uma razão 15
2. O poder e a responsabilidade sobre a palavra 21
3. Orador: um encantador de pessoas 25
4. Expositor: um pedagogo espírita 31
5. Como formar um expositor espírita 35
6. O receio de falar em público 43
7. Quem são nossos ouvintes 49
8. Todas as histórias já foram contadas: a escolha do tema 57
9. Apanhe uma ideia 65
10. A escolha do título 69
11. Um plano de trabalho 73
12. A fase da pesquisa 79
13. Como fazer a pesquisa 87
14. O texto resultado da pesquisa 95

15. Referências e citações 101
16. Estrutura de uma exposição 109
17. A força do PowerPoint® 117
18. *Layout*, cores, estética e outras questões visuais 129
19. Mais um pouco sobre projeto visual 139
20. A prática leva à perfeição 145
21. Técnicas de apresentação 153
22. Outros cuidados 163
23. Rudimentos do processo ensino-aprendizagem ... 175
24. Jesus, Kardec e a pedagogia espírita 189
25. Para não dizer que "só" falei de flores 201
26. Regras para uso da tribuna espírita 205

1

A PROCURA DE UMA RAZÃO

Ouvi. O semeador saiu a semear; quando semeava, uma parte da semente caiu à beira do caminho, e vieram as aves e comeram-na. Outra parte caiu nos lugares pedregosos, onde não havia muita terra; logo nasceu, porque a terra não era profunda, e tendo saído o sol, queimou-se; e porque não tinha raiz, secou-se. Outra caiu entre os espinhos; e os espinhos cresceram, e sufocaram-na, e não deu fruto algum. Mas outras caíram na boa terra e, brotando e crescendo, davam fruto, um grão produzia trinta, outro sessenta e outro cem. Disse: Quem tem ouvidos para ouvir, ouça.

(Marcos 4:3-9)

NESSE INÍCIO DA leitura de um livro que prenuncia trabalho, compromisso, responsabilidade, você poderia se perguntar:

– Por que tornar-me um EXPOSITOR ESPÍRITA?

Creio que a resposta mais relevante é porque você se sente atraído (a) ou mesmo vocacionado (a) para a difusão da doutrina espírita, na forma de preleções realizadas em reuniões de divulgação do espiritismo. Quer uma prova disso? Você sentiu-se motivado para abrir este livro e dar uma rápida olhada ou talvez o tenha comprado e, nesse caso, você deu mostras de que está disposto a investir recursos e seu tempo nessa atividade doutrinária.

O desejo de assumir um trabalho de difusão da doutrina espírita é sempre bem-vindo, uma vez que é preciso que novos expositores apareçam no cenário da doutrina, num processo cíclico e natural de reposição dos valorosos irmãos e irmãs que já deram seu contributo ou mesmo para fazermos frente a uma demanda crescente por conhecimento da ciência dos espíritos. Você tem percebido como o interesse pela doutrina espírita tem aumentado? Veja a quantidade de peças de teatro, filmes, inserções em novelas, reportagens em revistas e grupos em redes sociais que têm aparecido nos últimos tempos.

Para atender essa necessidade típica de uma época de transição como a que estamos vivenciando, é preciso formar expositores preparados e firmemente lastreados na doutrina, prontos para o trabalho de difusão do espiritismo, contribuindo assim para a difusão do Evangelho e da terceira revelação.

Lembremo-nos que a doutrina é o abençoado caminho que o mestre Jesus anunciou e que aparece redivivo graças à terceira revelação, atendendo a uma parcela significativa de espíritos que buscam uma religião onde a razão possa explicar as grandes dúvidas do ser humano, onde a justiça do Pai seja inquestionável e onde a pureza da doutrina do Cristo não esteja contaminada com dogmas e interesses pessoais.

Outra razão para seguir em frente nessa leitura e no desafio de tornar-se um EXPOSITOR ESPÍRITA é porque você está esperando aquele chamamento, aquela intuição clara que lhe diga qual seu papel dentro da doutrina espírita, uma vez que agora você já se considera espírita convicto.

Agora que estamos conscientes do processo evolutivo traçado pelo Pai, nossa consciência clama pela necessidade de assumir um papel ativo na seara doutrinária. É um chamamento para fazer mais do que sermos meros frequentadores da casa espírita.

Muitos encontrarão na seara mediúnica o caminho para atender compromissos assumidos no passado, tornando-se assim elos entre os dois planos da vida. Esses irmãos precisarão desenvolver uma dedicação contínua na educação mediúnica, na conduta moral e emocional além de uma disponibilidade de tempo e regularidade nos trabalhos mediúnicos, de forma a merecerem o apoio de seus mentores, transformando-se efetivamente em instrumentos úteis.

Alguns sentir-se-ão atraídos pela atividade do passe fluídico, contribuindo assim como condutor (e doador) de energias que possam reparar ou trazer melhoras para a saúde física e mental de irmãos necessitados.

Muitos se encontrarão nas benditas atividades de benemerência, buscando amparar material e espiritualmente, nossos irmãos que lutam com dificuldade numa encarnação de resgates e provações dolorosas. A esses está reservado o trabalho de colher recursos de um lado e entregá-los de outro, nos padrões da caridade prescrita pelo nosso mestre Jesus.

Existem irmãos que serão tocados pelas atividades de gestão, tornando-se diretores da casa espírita, atendendo assim as necessidades de organizar e preservar o patrimônio bem como cumprir requisitos legais para que a instituição possa satisfazer as exigências estatutárias e legais. Em não havendo vaidade e ostentação na permanência no cargo, somente aqueles que os ocupam sabem como é desgastante e delicado assumir uma função de direção perante os demais irmãos frequentadores da casa espírita.

Finalmente quero lembrar dos irmãos que buscarão lugar na falange de colaboradores que assumem o papel de pedagogos espíritas, desenvolvendo as tarefas de evangelização, de direção de mocidade, colaborando em cursos regulares da doutrina espírita e ainda como divulgadores da doutrina, escrevendo artigos e ministrando palestras (exposições) em sessões públicas e eventos comemorativos.

Se você se enquadra nesse último grupo e se sente atraído pelas atividades de difusão do espiritismo, para tornar-se um expositor espírita será necessário:

1. Assumir um compromisso de ser fiel ao conteúdo e ao significado do evangelho do Cristo e da doutrina dos espíritos.
2. Estudar sempre as lições do Mestre e as obras de referência da codificação kardequiana, formando e atualizando sempre um repertório de conhecimento para

orientar as pesquisas e a elaboração das exposições e diálogos que irá realizar nas casas espíritas.

3. Como complemento, dedicar-se a estudar e aperfeiçoar as técnicas de apresentar e transmitir conteúdos nas exposições, facilitando assim a motivação dos ouvintes e a transmissão de conhecimentos.

O receio de falar em público é consequência da responsabilidade de tratar de temas tão sérios como aqueles que falamos na casa espírita, e isso é bom porque nos mantêm atentos ao compromisso assumido. Quando estudamos o tema e o dominamos e também com a prática, esse receio deixará de existir, permitindo-nos realizar essa atividade com total segurança e conforto (voltaremos a essa questão no cap. 6).

Espero que esse nosso diálogo inicial o tenha encorajado a prosseguir nessa atividade de divulgação da doutrina espírita, trabalho de relevante importância, lembrando que, nas palavras de Emmanuel, a divulgação da doutrina se constitui na maior caridade que podemos fazer por ela.

Nos próximos capítulos, se você persistir nesse desejo de tornar-se um EXPOSITOR ESPÍRITA e, se continuar a nos dar a honra de prosseguir a leitura deste livro, iremos tratar de aspectos práticos e teóricos relacionados à atividade de expositor, de forma a lhe oferecer um guia simples, mas útil para iniciar sua carreira, e que o mestre Jesus lhe dê a oportunidade de, **como semeador, sair a semear.**

Certamente parte significativa dessas sementes serão lançadas em terra boa e produzirão frutos, contribuindo assim para a divina tarefa de evangelização e crescimento espiritual deste planeta e de todos nós que aqui nos encontramos estagiando.

CONDIÇÕES PARA TORNAR-SE UM EXPOSITOR ESPÍRITA:

1. Assumir o compromisso de respeito para com a pureza doutrinária, sendo fiel aos ensinamentos do evangelho do Cristo e da doutrina codificada por Allan Kardec.
2. Estudar sempre o evangelho do Cristo e as obras da codificação kardequiana, para formar e manter um repertório de conteúdos para alicerçar as pesquisas e exposições.
3. Estudar e aperfeiçoar as técnicas de exposição, de forma a motivar o interesse e facilitar o entendimento dos presentes.

2

O PODER E A RESPONSABILIDADE SOBRE A PALAVRA

Seja, porém, o vosso falar: Sim, sim; Não, não;
porque o que passa disto é de procedência maligna.
(Mateus 5:37)

QUANDO PENSAMOS ESTAMOS gerando e dirigindo energias mentais para o local e o objeto de nosso pensamento. Essas energias sutis serão benéficas ou maléficas (de procedência maligna ou de efeitos maléficos) conforme o sentimento que move (e que caminha junto) com nossos pensamentos.

O estágio seguinte (após o pensamento) está na exteriorização dessas forças poderosas, por meio da palavra, que pode ser usada para a criação ou para a destruição. A palavra dita de forma irresponsável e maldosa, é capaz de abalar crenças, destruir credibilidade, arrasar boas intenções e até lançar espíritos em contendas que podem se arrastar por séculos e vidas.

Tal como uma pedra atirada no espaço, a fala proferida também ganha curso próprio, impedindo que seu autor possa correr atrás e segurá-la. Como uma pedra que pode quebrar uma delicada obra de arte ou ferir uma pessoa, a palavra também pode quebrar a delicada trama de uma amizade ou ferir a suscetibilidade de quem a ouve, uma vez que "o homem é senhor do que cala e escravo do que fala" (Sigmund Freud).

O objetivo deste capítulo vai além da necessidade de termos consciência que nossa explanação pode construir ou destruir. É um chamamento dirigido à necessidade de termos sempre em mente que a imagem que passamos sobre a doutrina espírita pode construir fielmente seu conteúdo ou destruir a verdade, criando uma imagem falsa da doutrina espírita, que pode desiludir irmãos que estavam procurando conhecê-la.

Pode ser a fertilização de uma erva daninha conhecida como sincretismo[1] religioso, que é a incorporação de práticas externas oriundas de outras doutrinas religiosas, porque alguém achou "bonitinha" ou porque já tinha incorporado essa prática em seu subconsciente (da infância ou de encarnações passadas) ou mesmo para dar vazão a uma personalidade mística.

Uma forma de solapar a base da doutrina, firmemente estabelecida na comunicação lógica e clara dos espíri-

---

1 **Sincretismo:** fusão de diversas doutrinas (ou religiões)

tos e no trabalho metodológico do Codificador, é a criação de práticas místicas ou esotéricas ou de explicações fundadas apenas nas crenças e gostos pessoais.

Embora possa existir uma boa intenção da parte de quem assim age, é evidente seu desconhecimento do conteúdo doutrinário, além do que a pureza doutrinária pode ser seriamente comprometida, ao longo do tempo, por sucessivas práticas "bem-intencionadas", mas falsas.

Hoje sentimos um prazer íntimo em saber que nossa doutrina tem bases lógicas e, apesar das transformações sociais e científicas, pode encarar face a face a razão, como nos diz Kardec [1].

Porém, se deixarmos que práticas estranhas ou místicas adentrem em nossa doutrina, no futuro nossos filhos e netos não terão mais as explicações que satisfaçam a razão. Como consequência teríamos nossa religião que hoje é baseada em fé racional, transformada numa religião baseada em fé cega e dogmas que não podem ser explicados; apenas seguidos.

A bem da pureza doutrinária, o expositor ao fazer seu trabalho de pesquisa para preparar os conteúdos que divulgará em suas preleções, deve adotar sempre as fontes primárias seguras, como abordaremos no capítulo 11 (A fase da pesquisa).

O espírito Erasto nos adverte que "melhor é repelir dez verdades do que admitir uma única falsidade, uma só teoria errônea" [2], principalmente na boca ou na caneta daquele irmão que assumiu a tarefa de difundir o Evangelho do Cristo e a doutrina dos espíritos.

Outra questão que está muito relacionada com sincretismo e misticismo é a escolha de temas novos, controversos ou oriundos de fontes que ainda não foram totalmente validadas (vide cap. 9).

Os espíritos constantemente nos orientam a "dar tempo ao tempo", a fim de que a fantasia se evapore e apareça a porção de verdade. Se o ensinamento é verídico, os espíritos superiores acharão canais para a sua divulgação. Porém, se forem devaneios pessoais, o silêncio que se estenderá ao longo do tempo cuidará de abafar o tema e extinguir a curiosidade sobre o mesmo.

Não deixe nenhuma dúvida sem resposta oriunda de fonte segura. Não divulgue o que você não sabe ou não tem certeza.

Não use sessões públicas para afirmar que "embora seja assim, você não concorda". Sua discordância é sinal de não aceitação, que por sua vez demonstra que o tema não foi suficientemente pesquisado, estudado, refletido e praticado e sua dúvida se estenderá aos presentes.

Seu público merece respeito baseado na veracidade de seus ensinamentos. A doutrina espírita não pode ter sua imagem maculada porque o expositor não se preparou à altura do conteúdo que pretende abordar.

[1] KARDEC, Allan. *O Evangelho segundo o Espiritismo.* In: Cap. XIX – A fé religiosa. Condição da fé inabalável. 131. ed. Brasília: FEB, 2013.

[2] ______. *O Livro dos Médiuns.* In: Cap. XX. Questão 230. 62. ed. Brasília: FEB, 1996.

3

ORADOR: UM ENCANTADOR DE PESSOAS

Por isto, Marco Antônio, a quem na época de nossos antepassados concedeu o primeiro lugar na eloquência, homem por natureza agudíssimo e hábil, no único livro que nos deixou, disse que havia visto muitas pessoas que sabiam falar, mas em absoluto, a nenhum orador.

(CÍCERO, Marco Túlio. *El orador: a Marco Bruto*.)

SEGUNDO MARCO TÚLIO Cícero (filósofo e orador romano – 50 a.C.) o orador é aquele que, pela palavra, instrui, encanta e comove o auditório. Oradores são como astros famosos que divulgam a doutrina de forma encantadora, mas também pelo reconhecimento que conseguiram por seus exemplos de vida e da prática das lições que pregam.

Um orador é uma pessoa que, pelas suas habilidades e competências e pela experiência conseguida, domina as técnicas da oratória.

Durante sua apresentação, o orador é eloquente, arrebatador, carismático, conseguindo prender o público em sua fala e pela imersão nos quadros relatados, viaja no espaço e no tempo e nos faz sonhar durante sua oratória, numa espécie de psicodrama capaz de manter ligada a atenção em seus ouvintes, condição obrigatória para a transformação da informação em conhecimento, de forma a que possa ser incorporado ao repertório pessoal de quem assiste.

A oratória é mais que o ato de falar; é o ato de encantar os ouvintes, por meio de um conjunto de habilidades e técnicas que transformam o orador num ator que dramatiza o que fala.

Percebe-se que, pelas características descritas, a capacidade da oratória pode ser dom conquistado em encarnações passadas, mas pode ser também o estado em que um expositor esforçado pode chegar, como uma conquista obtida pela perseverança, experiência, estudo e reflexão a respeito de suas práticas (práxis[2]).

A presença de um orador num evento público da doutrina, atrai além dos frequentadores habituais, pessoas interessadas, simpatizantes, curiosos e até detratores da doutrina, que aproveitam a oportunidade para conhecê-la melhor. É, portanto, uma valiosa oportunidade

---

2 **Práxis:** no campo da educação é o processo de reflexão-ação-reflexão, onde o pedagogo utiliza-se de senso crítico para análise dos conteúdos abordados, adaptando-os ao contexto, bem como tornando-se um agente de mudança, à medida em que aplica em si os conceitos ministrados.

para a difusão da doutrina junto a pessoas que ainda não têm suficiente convicção para sua plena aceitação.

Por essa razão, o tema a ser abordado deve ser mais voltado aos que estão iniciando seu conhecimento da doutrina e não para um aprofundamento de temas doutrinários mais avançados, que muitas vezes pede um conhecimento prévio do assunto para seu entendimento e melhor aproveitamento.

Percebe-se que, pela importância da ocasião, a escolha de um bom orador é necessária para o bom aproveitamento da oportunidade de divulgar a doutrina espírita, atingindo um segmento do público que normalmente não frequenta a casa espírita.

Ao término da oratória, o bom orador faz com que o público volte para suas casas com a sensação de que valeu a pena, que foi um investimento compensador e com uma imagem positiva a respeito da doutrina espírita.

Quando isso não ocorre, muitas vezes os presentes se sentem frustrados e, eventualmente, podem transferir esse juízo para a imagem que plasmaram da doutrina espírita, julgando que espíritas são pessoas crédulas, despreparadas ou místicas e, portanto, desistirão da ideia de ter um conhecimento mais aprofundado do conteúdo da doutrina de Kardec.

Talvez a principal característica de uma autêntica oratória é que os presentes não gostariam que ela acabasse e, quando o orador termina sua fala, os presentes vão para casa com aquela sensação de "quero mais".

Não podemos omitir o exemplo de Jesus ao citarmos oradores. São inúmeros os exemplos de como o Mestre prendia plateias com seus ensinamentos e como essas pessoas se esqueciam de comer e perdiam a hora para retornar às suas casas quando eram arrebatados pelas palavras e pela atmosfera em torno de Jesus.

Em Marcos (6:29-35) encontramos um desses exemplos. Jesus ficou comovido quando os discípulos lhe contaram que João Batista fora executado e eles haviam ajudado em seu sepultamento. Jesus então convidou-os a irem para um local deserto onde pudessem descansar um pouco uma vez que tinham viajado bastante e não tinham tempo sequer para comer.

Partiram então em uma barca, mas algumas pessoas viram sua partida e perceberam para onde iam. Ato contínuo essa informação foi divulgada e de diversos vilarejos da região pessoas saíram a pé para o local onde Jesus e os apóstolos se dirigiam e lá chegaram primeiro que eles.

Quando Jesus chegou e viu a multidão, se compadeceu daquelas pessoas e começou a ensinar e a curar.

Embora aquelas pessoas tivessem se deslocado a pé e em velocidade, passaram horas ouvindo Jesus e somente quando a hora já estava bem avançada os discípulos alertaram Jesus dizendo que já era tarde e o lugar era deserto, pedindo-lhe que dispensasse a multidão para que eles fossem a aldeias vizinhas comprar alimentos.

O que se segue é a descrição da multiplicação dos pães e peixes, mas gostaria de focar a forma arrebatadora da presença e das palavras do Mestre galileu que levou as pessoas a saírem a pé de suas aldeias, locomoverem-se até o local onde acreditavam que Jesus estaria, passar o dia ouvindo-o e, mesmo com a chegada da noite e sem alimentação, ali permaneciam ouvindo seus ensinamentos.

Encerrando as considerações sobre o perfil de um orador, vamos concluir dizendo que eles nascem com essa bagagem advinda de outras encarnações e da missão que assumiram ou então trata-se de uma conquista obtida após muitos anos de exercício contínuo do uso da palavra.

Mas então essa habilidade pode ser ensinada? Sim e historicamente sabemos que essa habilidade era ensinada nas escolas, antes da era dos livros, com o nome de Retórica, parte essencial da educação daquela época segundo Anderson[1].

Vamos, pois, dar o primeiro passo, iniciando um trabalho de EXPOSITOR ESPÍRITA e deixar os resultados desse trabalho para serem colhidos no futuro, se mérito houver.

[1] ANDERSON, C.; *TED talks:* o guia oficial do TED para falar em público. Rio de Janeiro: Intrínseca, 2016. p.12.

4

EXPOSITOR: UM PEDAGOGO ESPÍRITA

Nem sempre manejaremos a tribuna coroada pela retórica perfeitamente unida à gramática, no entanto, a humildade é acessível a todos, a fim de que a frase sincera consiga expô-la com franqueza e carinho, edificando a quem ouve.

(XAVIER, F. C. *Livro da esperança.* Pelo espírito Emmanuel. 68 – Ideia espírita.)

SE NAS DATAS comemorativas a solenidade da ocasião pede a presença de oradores famosos, no dia a dia o trabalho de ensino-aprendizagem é realizado por um pedagogo[3] ou,

3 **Pedagogo:** termo de origem grega significa preceptor, mestre ou aquele que conduz. Atualmente é um sinônimo de educador (professor) ou um profissional da pedagogia.

como chamamos costumeiramente, um professor, que pela constância de sua presença frente à classe, pelas técnicas pedagógicas que aplica e por seu conhecimento, consegue efetivamente incitar e conduzir o aprendente[4] a seguir o caminho do processo ensino-aprendizagem.

O orador ocupa a tribuna para encantar o público com o exercício de sua oratória, ao passo que o expositor usa sua fala para fins de instrução sobre o Evangelho do Cristo e o conteúdo da doutrina espírita. Não podemos deixar de citar que alguns professores conseguem cativar seu público e isso faz com que seus alunos não entrem em transe sonambúlico durante a aula, uma vez que a atenção é uma das condições para que o processo cognitivo ocorra.

No dia a dia, o expositor é mais comedido em seu gestual e eloquência. Sua fala é mais uma conversa comportada e estudada, alinhavada na didática, com o objetivo de que as informações apresentadas possam se transformar em conhecimento.

Em contrapartida, temos muito mais expositores do que oradores, o que permite atender, ainda que de forma parcial (a demanda é maior que a disponibilidade), a necessidade das casas espíritas de expositores espíritas que não usam a tribuna para fins de oratória e sim para a instrução e difusão da doutrina espírita.

Muitas vezes exige-se muito esforço dos poucos companheiros de doutrina que abraçam essa missão, porque a casa não conta com um corpo maior de expositores e,

---

4 **Aprendente:** Que ou quem aprende, geralmente por oposição a ensinante (aquele que ensina) [1].

por essa razão, aqueles capacitados se repetem muitas e muitas vezes, em curto período de tempo.

Como cada um de nós tem um conjunto de técnicas pessoais, de temário preferido e vocabulário próprio, a repetição das mesmas pessoas traz uma monotonia aos encontros, uma repetição de pontos de vista pessoais e até da forte tendência para pintar a doutrina com as cores da predileção ou do entendimento do expositor.

A existência de um grupo maior de colaboradores na missão de expositor, quebra essa monotonia e dá a oportunidade para que os presentes tenham contato com outros pontos de vista sobre o temário espírita, o que sempre enriquece e motiva o aprendizado (e a consequente frequência aos trabalhos da casa).

No capítulo anterior esforçamo-nos para definir o perfil de um orador. Agora vamos tentar traçar as características de um bom expositor.

- O EXPOSITOR ESPÍRITA é nosso irmão ou irmã de boa vontade, disposto a estudar para aprender, a praticar para vivenciar e então difundir esse conhecimento para benefício de outros.
- Exerce uma autocrítica sobre suas palavras e atos, uma vez que fala pela doutrina espírita e, como tal, será tomado como exemplo de um espírita.
- Busca a melhor forma de apresentar um tema doutrinário, procurando adaptá-lo à plateia e ao objetivo da reunião.
- Persegue incessantemente a superação de suas deficiências, sempre procurando melhorar seu entendimento do tema e técnicas didáticas aplicáveis à exposição.

- Mantém-se em constante aprendizado sobre os conteúdos da doutrina espírita, de forma a que tenha substrato (alicerce) para expor e argumentar as questões abordadas em sua exposição, sempre em acordo com os princípios esposados pelo mestre Jesus, por Kardec e por mentores reconhecidos como fidedignos representantes desses conceitos.
- Busca sempre manter um estado de harmonia com os princípios da reforma interior e com a palavra do mestre Jesus, enfatizando a reconstrução moral e emocional, de forma a poder receber assistência constante de seus mentores, que se farão presentes nas ideias "do expositor", durante a fase de pesquisa e escrita bem como durante as exposições.

Seguindo esses princípios, basta abraçar a missão de ser pedagogo espírita, sem ressalvas e com toda sua dedicação, fazendo da tarefa de EXPOSITOR ESPÍRITA um exercício de amor à doutrina e ao próximo.

[1] *DICIONÁRIO Priberam da Língua Portuguesa.* Disponível em <www.priberam.pt>. Acesso em 09 dez. 2015.

5

COMO FORMAR UM EXPOSITOR ESPÍRITA

Escutando essa ou aquela notícia inusitada, reparemos a diretriz que impomos aos próprios ouvidos, de modo a que retenham o melhor das informações recolhidas, a fim de que a nossa palavra se abstenha de tudo o que possa constituir agravo a instituições e pessoas.

(XAVIER. F. C. *Revista Reformador* ano 81 No. 1 – fev. 1963 p.12. Pelo espírito Emmanuel. Emprego de riquezas.)

JÁ SABEMOS QUE a vontade de se tornar um expositor espírita é um requisito essencial, mas não suficiente. O desejo é a fonte de energia que irá alimentar esse trabalho, porém mesmo que você tivesse reencarnado com o dom da oratória, se não houvesse a vontade de exercê-la, ela de nada valeria.

Então, munido de vontade, responsabilidade e desprendimento, vamos seguir esse aprendizado que, como as demais áreas do conhecimento, toma toda uma vida e, muitas vezes, vidas sucessivas.

A título de encorajamento pense que diamantes quase limpos e perfeitos raramente aparecem, ao contrário daqueles que surgem nas grotas da mina, escondidos na terra e incrustados de jaça, necessitando de um adequado trabalho de lapidação, que o transformará em pedra preciosa.

Se ainda persiste uma dúvida quanto a sua capacidade e eloquência, uma resposta rápida (mas um tanto quanto ríspida) é que se você não tentar nunca saberá. Talvez esse receio seja um tipo de autoproteção contra o temor de tentar e não dar certo.

Uma resposta mais educativa e verdadeira é que a eloquência com que tratamos um determinado tema depende diretamente do conhecimento que temos dele. À medida em que estudamos, refletimos, descobrimos novas dúvidas e, em seguida, retornamos à pesquisa, cresce nossa familiaridade e nossa segurança em relação ao tema.

O argumento de que a plateia da casa espírita é selecionada e entende dos temas doutrinários, além de não ser verdade absoluta, já não tem o mesmo peso porque você, durante a pesquisa, reflexão e escrita da exposição, ganhou conhecimento sobre o tema a ponto de sentir-se confortável para abordá-lo perante a plateia da casa espírita.

Como consequência desse último argumento, queremos lembrar que é mais fácil e motivador para o expositor, escolher temas que estão dentro da sua área de predileção, lembrando que a doutrina tem um tríplice aspecto, portanto aborda temas sob o prisma religioso, filosófico e científico, além dos aspectos histórico (vide cap. 8).

Escolher temas dentro de nossa área de interesse significa que nós temos um repertório de conteúdos ligados a ela, o que permitirá o desenvolvimento do tema com maior facilidade. Por exemplo, temas evangélicos relacionados com a caridade, serão melhor abordados por irmãos que já se doam em prol de obras de benemerência e que, certamente, conhecem muitos exemplos para citar além de ter efetivamente a prática do tema, o que sempre enriquece a exposição e lhe dá autenticidade.

Uma variante é a escolha de temas que nos instigam, levando-nos a constantes reflexões sobre ele. Nesse caso precisamos lembrar que não basta a curiosidade sobre o tema. É absolutamente necessário que busquemos esclarecimento dentro da doutrina, pesquisando, refletindo e elaborando as respostas para nossas dúvidas, antes de nos aventurarmos a abordar o tema, afinal não vamos usar a exposição para transmitir nossas dúvidas e sim para levar esclarecimentos.

Em relação à dúvida sobre quanto conhecimento detém sobre a doutrina espírita, devemos concordar que o expositor espírita é um bom conhecedor da terceira revelação.

Porém, a doutrina dos espíritos é tão ampla por abranger todos os aspectos da vida material e espiritual, que essa é uma tarefa sempre inconclusa. Com isso não queremos encorajar o candidato a expositor a relegar o estudo da doutrina. Apenas queremos lembrar que toda jornada se inicia no primeiro passo e que esse passo pode ser contido dentro dos limites de um tema bem estudado, com orientação de companheiros mais experientes e que, mesmo os melhores professores costumam ressaltar que não têm todas as respostas (não são enciclopédias).

Às vezes uma dúvida levantada ao término de uma exposição, requer uma pesquisa mais aprofundada para que, posteriormente uma resposta seja dada.

De qualquer forma, é preciso enfatizar que é inadmissível o expositor começar sua fala com a confissão de culpa de que não conhece bem o tema ou que não teve tempo para se preparar. Essa atitude denota falta de respeito para com a doutrina e para com os presentes. Perante o Evangelho e a doutrina espírita não existe espaço para o improviso. Isso se resolve estudando, pesquisando e preparando-se para uma apresentação adequada.

Em relação à falta de experiência como expositor espírita, é preciso que o candidato(a) se prepare e em seguida se coloque à disposição da direção da casa espírita ou de espíritas experientes, a quem caberá orientar essa formação desde os primeiros passos, escolhendo um tema adequado e uma oportunidade de apresentação que não seja perante as assembleias mais concorridas da casa. Talvez uma boa ocasião seja uma aula para a pré-mocidade ou para a mocidade espírita da instituição.

Ainda nesse caso, como continuação desse trabalho de orientação, um dirigente deve assistir à exposição, se necessário contribuindo para desfazer dúvidas e depois, junto ao aprendiz de expositor, de forma reservada e educativa, ressaltar os pontos positivos e alertar para os pontos que devem ser melhorados.

Resumindo, estamos propondo que a renovação do quadro de expositores seja um trabalho permanente, que deve partir da direção da casa espírita, que começa observando os candidatos a expositor, que geralmente são jovens que se destacam na mocidade e nos cursos regulares da doutrina espírita. Muitas vezes exercem a profissão de professor(a), tendo, portanto, contato com a didática e a pedagogia.

Passo seguinte, o dirigente deve orientar o candidato a ler conteúdos que auxiliem sua formação como expositor espírita e também de conceitos de didática aplicáveis diretamente nas apresentações.

Acompanhando o progresso, o dirigente saberá a hora certa para designar um tema (por enquanto é mais adequado não marcar a data da apresentação), acompanhar o trabalho de pesquisa e elaboração da apresentação. Se não tiver tempo para isso, solicite a ajuda de algum irmão qualificado para a tarefa e peça que ele faça o papel de mentor do candidato, ajudando-o nesse trabalho.

Uma vez que o tema tenha sido corretamente estudado e a exposição esteja pronta, é hora de o mentor escolher um trabalho adequado, pedir à direção desse trabalho que escale o jovem expositor e, no dia da exposição esteja presente para acompanhar o trabalho. Depois como já dissemos, é preciso um trabalho educativo entre o mentor e o aprendiz, para acertar dificuldades e marcar outro tema e outra ocasião, de acordo com o progresso do expositor. Esse ciclo deve se repetir até que o mentor sinta que o aprendiz está pronto e se sinta confortável em trilhar um caminho solo, isto é, ele e os mentores espirituais que soube conquistar.

Como se pode notar, não é um trabalho para grandes turmas e sem um programa traçado. É mais um trabalho de parceria entre um dirigente que tem experiência como expositor e um candidato que apresenta vontade e aspectos promissores para essa atividade.

Essa atitude proativa certamente atenderá a futura demanda de expositores da casa. Uma atitude reativa (digamos mesmo de comodismo), é esperar o aparecimento de um expositor pronto.

COMO A DIREÇÃO DA CASA ESPÍRITA PODE FORMAR NOVOS EXPOSITORES:

1. O trabalho proativo de formar novos expositores pertence à direção da casa espírita e começa identificando candidatos com potencial para essa atividade e que, interrogados a respeito, responderam que aceitam o desafio.
2. Um espírita experiente é designado como mentor desse candidato, definindo conteúdos que o candidato deve estudar (doutrina e temas relacionados com a pesquisa, a escrita, a preparação de slides e as técnicas de apresentação).
3. Em seguida, o candidato irá fazer a pesquisa de um tema designado pelo mentor, que o acompanhará nesse trabalho.
4. Quando a pesquisa e estudo estiverem prontos, o candidato deve preparar a apresentação (provavelmente utilizando-se de projetor multimídia e programa de apresentação do tipo *PowerPoint*).

5. Uma vez que a exposição esteja pronta segundo o parecer do mentor, este último marcará a apresentação, num trabalho da casa, mais adequado para o iniciante e o acompanhará nessa apresentação.
6. Depois da apresentação, mentor e candidato farão uma reunião para analisar pontos positivos e negativos. Esse ciclo se repete até que a formação se conclua.

6

O RECEIO DE FALAR EM PÚBLICO

Esquece as sugestões do medo destrutivo.
Segue adiante, mesmo varando a sombra dos próprios erros.
Avança ainda que seja por entre lágrimas.
Trabalha constantemente. Edifica sempre.
(XAVIER. F. C. *Vencerás*.
Pelo espírito Emmanuel.
Receio e desânimo.)

INICIALMENTE É PRECISO fazer uma distinção entre medo e receio. O medo de falar em público, também chamado de glossofobia[5], é uma das fobias bastante comuns, como o medo de altura ou de viajar de avião.

5 **Glossofobia:** do grego *glōssa* "língua" + *fobos* "medo" ou "temor".

Caracteriza-se por uma ansiedade intensa despertada apenas com a ideia de que se vai falar em público. Nos casos mais graves apresenta náuseas, dor de barriga, cefaleia e uma sensação de pânico. Algumas vezes a questão central é a vergonha de se expor publicamente e nesse caso trata-se de sociofobia, que pode estar associada à glossofobia.

Se realmente os sintomas são dessa intensidade, a solução é buscar ajuda com um psicoterapeuta, uma vez que, com a intervenção de um bom profissional, esse problema pode ser superado. Falar para grupos de pessoas é uma situação bastante comum no mundo das corporações e ao cursar o ensino superior, sugerimos fortemente que haja um encaminhamento na busca de solução para esse problema.

A segunda reação que não é um medo (pavor) mas apenas um receio ou talvez uma insegurança em relação ao tema ou mesmo um juízo antecipado em razão da percepção de que não estamos efetivamente preparados para essa tarefa, de que o tema ainda não foi suficientemente estudado.

Em geral tenho visto as pessoas rotularem de "medo de falar em público" o que na verdade é um juízo íntimo de que não estão preparadas adequadamente e que, se aceitarem o desafio de uma apresentação nessas condições, possa ocorrer uma situação constrangedora.

Quais são então as causas e como resolver esses problemas?

1. **Falta de experiência como expositor**

   Essa é uma reação normal de todo ser humano frente a novas experiências e ao desconhecido. Sempre que saímos de nossa posição de conforto e nos colocamos em novas situações, sentimos insegurança. Como o novo e as mudanças constitui-se como fato normal de nossas vidas, é preciso racionalizar esse receio (aprender a enfrentá-lo) e buscar transformar o novo em rotineiro, o inexperiente em experiente. Para isso o candidato a expositor precisa praticar suas habilidades em grupos menores, com temas que tenha maior domínio e persistir praticando. Em algum momento, esse processo de dessensibilização reeducará o emocional do expositor, que passará então a fazer suas preleções com grande tranquilidade.

2. **Falta de uma base de conhecimentos doutrinários**

Nossa autocrítica pode ser responsável por esse alerta na forma de receio de enfrentar um público. Neste momento é preciso que seja feita uma análise, buscando saber até que ponto o receio tem fundamento.

É óbvio que, por respeito à doutrina, um iniciante não pode pretender a função de expositor espírita. Antes é preciso frequentar algum tipo de estudo regular da doutrina espírita, como as reuniões de mocidade e os grupos de estudo, acompanhado da constante leitura e estudo das obras doutrinárias.

Por outro lado, não é lógico ficar estudando eternamente, numa busca infindável por um "estado de pleno conhecimento", pois provavelmente precisaremos de várias encarnações para consegui-lo.

Assim, a partir de um certo ponto de conhecimento da doutrina, já estamos aptos a estudar um tema delimitado até obter o conhecimento sobre ele, com a ajuda de um dirigente espírita mais experiente na doutrina, como propusemos no capítulo 5.

O iniciante deve aceitar essa condução pedagógica com toda a humildade de um aluno que reconhece a capacidade de seu mestre e sua carência desses conhecimentos.

3. **Falta de conhecimento sobre o tema ou de preparo para a exposição**

Esta razão é válida e suficiente para ser respeitada e atendida, menos para guardar o ego do expositor, mas principalmente, para salvaguardar a pureza doutrinária e o respeito aos ouvintes (encarnados e desencarnados).

O resultado de um improviso, mesmo quando vindo de irmãos experientes na prática da preleção, acaba sendo uma experiência desastrosa para o expositor, frustrante para os presentes e que, muitas vezes pode ser debitada contra a seriedade da doutrina.

Quase sempre são apresentações cheias de falhas e hesitações, com uma linha de raciocínio mal traçada, intercalada por "causos intermináveis" em geral sobre a pessoa do apresentador e que começa com uma justificativa das falhas em razão da falta de tempo ou de ter que substituir, na última hora, o expositor escalado para aquela oportunidade.

Outras vezes encontramos irmãos que se sentem capazes de abrir um livro doutrinário e, de forma despreparada e superficial, ler trechos e trocar "além" por "porém", na vã esperança de que tenham dado uma grande contribuição para um melhor entendimento,

além do que já estava escrito no texto (quase sempre de forma muito melhor do que a que foi apresentada).
Como imprevistos podem ocorrer, cabe à direção dos trabalhos escalar um ou dois irmãos frequentes aos trabalhos e pedir que eles preparem um tema e que fiquem de sobreaviso caso o expositor escalado não possa comparecer, quando caberá a um deles ocupar o tempo da exposição, o que ocorrerá por meio de um tema bem preparado e não pela leitura "traduzida" de uma página doutrinária.
Vamos sintetizar afirmando que "perante o Evangelho e a doutrina espírita, não existe espaço para improvisos".

4. **Respeito para com a doutrina espírita e para com a plateia**
Todo estudante da doutrina tem a percepção da finalidade e da grandeza da Terceira Revelação, assim como sabe que a casa espírita é um hospital de almas e, por essa razão, deve existir sempre uma cautela sobre a responsabilidade dos trabalhos assumidos perante a casa, notadamente a tarefa de pedagogo espírita.
Esse tipo de receio que podemos chamar de "sentimento de responsabilidade", deve permanecer sempre e isso é positivo, pois nos manterá cuidadosos e cientes da responsabilidade ao falar do Cristo e da doutrina.

O iniciante ou candidato a expositor espírita deve elaborar e executar um roteiro metódico de estudos, na área de sua maior afinidade dentro da doutrina espírita, construindo assim um lastro de conteúdos para suas exposições, que se tornará uma garantia de AUTOCONFIANÇA perante a tribuna espírita.

Para finalizar este tópico, queremos enfatizar que é preciso, em primeiro lugar, cumprirmos nossa responsabilidade no que diz respeito a um estudo sério sobre o tema a ser apresentado e uma preparação adequada. Depois disso é preciso ter humildade e fé de que nossos mentores e os mentores do trabalho não nos deixarão à míngua e que, essa inspiração nos ajudará muito durante nossa exposição.

7

QUEM SÃO NOSSOS OUVINTES

Ide, pois, e levai a palavra divina: aos grandes que a desprezarão, aos eruditos que exigirão provas, aos pequenos e simples que a aceitarão [...]

(KARDEC, Allan. *O Evangelho segundo o Espiritismo*. Cap. XX.)

A FIM DE que os conceitos apresentados sejam melhor assimilados pelos presentes, o conteúdo a ser transmitido deve ser adaptado, principalmente ao objetivo da reunião (pública, curso regular, comemorativa, mocidade, evangelização etc.), o que de certa forma determina o perfil predominante do público presente.

Para ajudá-lo nessa análise, mas também na compreensão dos irmãos e irmãs que formam a plateia de um trabalho espírita, vamos sugerir uma classificação arbitrária que servirá para alertá-lo para a provável heterogeneidade da plateia que assiste as sessões públicas da casa espírita.

1. **Quanto a convicção em relação à doutrina espírita:**

a) **Espírita convicto** e, nesse caso, sua fala não irá abalar, nem tampouco fortalecer a convicção desse irmão. Costumo pensar que ele está na plateia por ter responsabilidade assumida perante a casa e para prestigiar as reuniões. Em contrapartida, é pouco provável que sua fala traga algum novo enfoque sobre o tema, que ele já não tenha lido, ouvido ou refletido.

b) **Espírita iniciante** que está na fase de colecionar dúvidas e buscar respostas. Será uma grande felicidade se, ao término da apresentação ele lhe procurar e disser que você trouxe uma resposta que o satisfez. O mais provável é que ele lhe procure e exponha uma dúvida. Se você não tiver uma resposta correta e pronta, seja sincero e diga que também não sabe. Comprometa-se com ele em fazer uma pesquisa em busca da resposta e lhe retorne os resultados.

Acho muito proveitoso para a causa da doutrina, que o expositor suponha ter espíritas iniciantes na plateia, e prepare uma linha de argumentação que eles possam acompanhar, mesmo sem ter conhecimentos mais profundos da doutrina. Não fazemos proselitismo de forma ostensiva, procurando adeptos, mas não podemos nos esquecer daqueles que buscam espontaneamente a doutrina e estão interessados em obter respostas para suas dúvidas. Nesse caso Kardec nos incentiva dizendo: "Muito natural e louvável é, em todos os adeptos, o desejo, que nunca será demais animar, de fazer prosélitos" [1].

c) **Curioso ou apenas simpatizante**. Essa pessoa está predisposta a refletir sobre o conteúdo de sua apresentação, porém como ainda não se dedicou ao estudo regular da doutrina, terá questões básicas para as quais deseja resposta, mas, quase sempre, tem dificuldade de entendimento das respostas. Uma boa tática é abordar os temas da exposição inicialmente de forma mais sintética, objetivando aqueles que já têm repertório para expandir a resposta. Em seguida, colocar uma resposta mais elaborada em exemplos mais simples, para facilitar a compreensão e completar citando a obra que poderá dirimir outras dúvidas sobre o tema.

d) **Seguidor convicto de outra religião ou incrédulos.** Como todos os presentes, esse irmão é digno de todo o nosso respeito. Talvez sua presença na plateia se deva ao trabalho de mentores espirituais que conseguiram levá-lo até a casa espírita, para que alguma resposta lhe seja dada ou até para que se abra uma fresta na porta fechada de suas convicções.

   Também pode ser que ele procurou a doutrina para se municiar de argumentos contrários a serem usados na condição de detrator. Para nós é indiferente sua postura, e o tratamento cristão e educado é o caminho mais convidativo para que ele não se sinta acuado e ultrajado pelas nossas considerações sobre sua religião ou sobre a nossa.

   Por um lapso de felicidade ele poderá formular uma questão no final ou procurá-lo para entender ou obter mais argumentos. Seja cortês e o trate de forma cristã, mesmo que ele tenha um sorriso de deboche nos lábios. Acredite na intuição dos mentores nesse momento e articule o diálogo guiado por essa inspiração.

2. **Necessitados de socorro em caráter de emergência:**
Esse nosso irmão se enquadra perfeitamente na citação do espírito Erasto no início deste capítulo. É um sofredor que precisa de lenitivo urgente para males do espírito (ou do corpo) e, só depois que esse socorro de emergência for aplicado, ele terá condição de pensar nos conteúdos doutrinários.
Se o tema da apresentação era de caráter evangélico, é provável que ele sinta alguma forma de lenitivo ou consolo e o procure ao término da exposição. Se você não está familiarizado com atendimento fraterno, encaminhe nosso irmão para os responsáveis por essa atividade na casa espírita.
Sabemos que a doutrina é consoladora muito mais porque ela explica as causas de nosso estado, de forma racional, do que por oferecer ombro amigo e formas de terapia. Porém, o estado de nosso irmão pode requerer urgência em algumas medidas, para que ele possa, num segundo momento, dedicar-se a estudar e tratar as causas primárias dos males que o afligem. Nesse caso, compartilhe essa situação buscando ajuda com dirigentes da casa.

3. **Habituados à leitura e pessoas que não leem habitualmente e querem receber o conhecimento pronto:**
Um produto de nosso tempo, onde o jovem não lê um livro para obter conhecimento, mas busca respostas

(apenas informação) na Internet (*wikis*[6], blogs, fóruns etc.) é que a resposta sobre determinada questão tem que ser obtida rapidamente. Não há tempo para ler um livro a fim de desvendar o mistério nas últimas páginas. Se o livro for a única fonte, esse leitor ligeirinho provavelmente irá saltar para o último capítulo para "ir direto aos finalmente".

A própria leitura na web é feita na modalidade "*browsing*" (daí o nome do navegador ser *browser*), o que significa, grosso modo, uma leitura superficial e ligeira, buscando pistas da informação procurada, nos locais previamente definidos (campo pesquisar, cabeçalho, centro da página, margem esquerda e assim sucessivamente até chegar ao rodapé da página, coisa que poucos fazem).

Pessoas com esse perfil cognitivo estão se tornando a maioria e, ainda que você cite o nome dos livros de onde pesquisou o material apresentado (referência), eles provavelmente não estão motivados para usar seu tempo em leitura. Uma tentativa é lembrar, durante e ao término da apresentação, que aquela fonte (livro) trata de outras questões ou traz outras nuances que, infelizmente, dado ao tempo da apresentação não serão abordados. Incentive-os a irem à fonte, mesmo que seja para uma leitura "ligeira" apenas no capítulo específico do livro citado.

---

6 **WIKI:** O termo *wiki,* traduzindo-se como "rápido, ligeiro, veloz", é utilizado para identificar um tipo de coleção de documentos em hipertexto, elaborado de forma livre e cooperativa. Ex.: wikipedia, wikibooks, wikitravel etc.

4. **Pessoas que não são capazes de manter, por muito tempo, a atenção em uma atividade intelectual.**

É uma nuance muito frequente das novas gerações, que apresentam alterações em seu comportamento em relação ao tempo que conseguem manter a concentração numa atividade intelectual e também na forma de receber respostas prontas, acabadas e rápidas.

O jovem assiste TV na forma de "*zapping*" ou seja: com o controle remoto à mão, mudando constantemente de canal e seguindo, ainda que de forma superficial, a mais de um programa ao mesmo tempo. Tem o hábito de estudar ouvindo música, ver televisão navegando no celular ou tablete e, às vezes, fazer três coisas ao mesmo tempo.

Não estou sugerindo pílulas de doutrina espírita, mas uma adequação ao perfil do público (nesse caso notadamente o jovem), buscando definir tempos máximos para desenvolvimento de conceitos e fechamento de cada um desse tempos com conclusões parciais, slides para separar claramente cada tema etc. Nesse momento, nosso ouvinte faz uma pausa, olha de lado, vê seu celular e zera seu cronômetro mental, sentindo-se preparado para iniciar novo intervalo de concentração.

Também a forma multimídica da web e da TV (veja as inúmeras linhas paralelas que uma novela desenvolve ao mesmo tempo, com imagem, fala e trilha sonora específica do personagem) faz com que o jovem se aborreça rapidamente de uma apresentação na forma de monólogo, sem imagens (slides) e sem uma interpretação que o atraia pelo emocional e não pelo intelectual. Lembre-se de que a maioria das casas espíritas já adquiriu um projetor multimídia para passar slides e filmes usados na apresentação. Se não pode vencê-los, junte-se a eles, usando as mesmas ferramentas multimidiáticas e tecnológicas, ou você vai se cansar de ver olhares perdidos no limbo cibernético ou até irmãos dormindo durante sua apresentação. Creia, como professor universitário em curso noturno, eu conheço essa situação e as técnicas necessárias para ser um pouco multimidiático durante as aulas.

O propósito maior em fazer uma classificação do nosso público, é alertar para a heterogeneidade e para a necessidade de adaptarmos o conteúdo ao perfil predominante de público ou ao objetivo da reunião (pública ou curso regular) adequando o conteúdo, dosando-os por módulo de tempo e aprendendo a usar os recursos da tecnologia da informação como forma de deixar as apresentações mais atraentes e mais pedagógicas (uma imagem vale por mil palavras).

Em *O Livro dos Médiuns*, capítulo III (Do método, tópicos 20 a 28) Kardec[2] nos apresenta uma classificação bastante ampla de tipos de plateia (ouvintes/assistentes) que pode nos ajudar a entender a linha de raciocínio de incrédulos. Vale a pena uma pesquisa a esses tópicos.

O cuidado na adequação e na elaboração da apresentação pode gerar exposições capazes de motivar os presentes a participar com mais assiduidade das reuniões de estudo, em razão do interesse despertado por uma apresentação bem preparada, com conteúdo relevante, além da dinâmica e dos recursos audiovisuais utilizados na apresentação.

Com o aumento da frequência às nossas casas espíritas, aumenta, também a necessidade de transformarmos o momento de estudos da reunião, em uma prática capaz de motivar nossos ouvintes a tornarem-se frequentadores assíduos, com uma efetiva participação nos temas abordados, ao invés de tirar um rápido cochilo.

Para concluir a questão "quem são nossos ouvintes", podemos sintetizar afirmando que são: curiosos em busca de respostas, sofredores necessitando consolo, seguidores de outras religiões buscando estabelecer paralelos e, de uma forma geral, irmãos em busca de conhecimento e que, com sua presença, nos proporcionam a bendita oportunidade da troca de experiências sobre temas tão sublimes.

[1] KARDEC, Allan. *O Livro dos Médiuns*. In: Capítulo III - Do método, tópico 18. 62. ed. Brasília: FEB, 1996.

[2] ______. *O Livro dos Médiuns*. In: Capítulo III - Do método, tópicos 20 a 28. 62. ed. Brasília: FEB, 1996.

8

TODAS AS HISTÓRIAS JÁ FORAM CONTADAS: A ESCOLHA DO TEMA

A palavra precede todos os movimentos nobres da vida. Tece os ideais do amor, estimula a parte divina, desdobra a civilização, organiza famílias e povos. Jesus legou o Evangelho ao mundo, conversando.
(XAVIER, F. C. ***Caminho, verdade e vida.*** **Pelo espírito Emmanuel. Conversar.)**

QUANDO O TEMA da exposição fica a nosso critério (não é designado pela direção dos trabalhos) ou quando vamos escolher um tema para futura exposição, quase sempre ocorre que, motivados pelo desejo de fazer o melhor trabalho, ficamos como crianças em loja de doces: a variedade dificulta ao invés de ajudar.

Perante essa dúvida é comum acharmos que não há temas novos a serem abordados ou, em outras palavras: todas as histórias já foram contadas. Talvez essa afirmação seja verdade, mas ainda que essa afirmação seja verdadeira, a criatividade sempre permitirá que seja elaborada uma nova forma de contar uma história já contada.

Todos os temas frequentemente abordados pelos expositores e oradores pode receber uma releitura, uma nova abordagem, uma linha diferente de desenvolvimento ou o foco sobre algum detalhe que tenha passado desapercebido até então.

Um bom exemplo é abordar Kardec em datas festivas, sem repetir o trivial de sua biografia que já é de conhecimento amplo dos frequentadores da casa espírita. Pois bem, nesse caso, ao invés de adotar uma visão geral da vida do Codificador é possível buscar na *Revista Espírita* (tão esquecida), as características de sua época, ou abordar apenas um período de sua vida, um traço de sua personalidade ou ainda um evento como "as viagens espíritas". O limite é a criatividade.

Outro enfoque que nos permite escolher melhor um tema, é definir qual aspecto da doutrina deve ser abordado. É preciso lembrar que a doutrina tem um tríplice aspecto e talvez seja essa abordagem a primeira a ser pensada quando estamos escolhendo um tema, uma vez que cada aspecto abrange temas bem diferenciados e, em geral, temos predileção por um aspecto.

A principal função do aspecto moral e religioso é transformar, enquanto o da filosofia é indagar e o da ciência em explicar.

Ciência experimental:

O espiritismo é uma ciência experimental, portanto de observação e, nessa linha de pesquisa, ocupa-se essencialmente em explicar os fenômenos de natureza espiritual relacionados a seguir, dentre inúmeros outros:

- Existência do espírito.
- Sobrevivência do espírito após a morte do corpo.
- Volta ao mundo espiritual após a morte do corpo.
- Retorno à matéria em nova encarnação.
- Fenômenos mediúnicos e anímicos.
- Perispírito e seu papel de mediador e modelador da forma.
- Energia vital e sua função na vida orgânica.
- Formas de transmissão da energia vital (fluidoterapia).

Filosofia:

O aspecto filosófico da doutrina pode ser classificado como uma manifestação de filosofia experimental, uma vez que une conceitos filosóficos tradicionais (muitas vezes expostos pelos espíritos daqueles que se ocuparam do estudo da filosofia quando encarnados), com uma investigação empírica sistemática, oriunda da reflexão e investigação perante o conteúdo doutrinário e, dessa forma, tratarmos de questões transcendentais nos dois planos da vida.

Nessa vertente aparecem questões como as que relacionamos a seguir e infinitas outras que têm ocupado as mentes dos homens desde os primórdios do pensamento lógico contínuo.

- Existe Deus?
- De onde viemos?
- Para onde vamos?
- Por que estamos na Terra?
- Por que existe tanto sofrimento?
- Por que vida após a morte?
- O homem será feliz ou infeliz após a morte?
- Fomos criados à imagem de Deus ou simples e ignorantes?

Religião:

Nesse aspecto o espiritismo é um novo caminho que leva os homens à prática do amor irrestrito e da humildade, baseado numa releitura do Evangelho do mestre Jesus, expandido pelos conceitos de vida espiritual trazidos pela Terceira Revelação, bem como pelo expurgo dos enxertos acrescidos através dos tempos, a serviço de crenças e personalismos.

De novo nos deparamos com uma infinidade de temas correlatos ao aspecto, como:

- Ética e pureza dos ensinamentos de Jesus.
- Fé racional.
- Penas e recompensas futuras.
- Justiça Divina.
- Religião espírita.
- Fora da caridade não há salvação.

Existe ainda uma abordagem que rende excelentes exposições, que é o aspecto histórico. Nele se enquadram as pesquisas que buscam resgatar a história da doutrina e de seus baluartes. Para o enriquecimento das características históricas do tema, podemos recorrer a livros didáticos que nos permitem traçar um rápido panorama sobre a sociedade e os costumes da época, de forma a que nossos ouvintes possam entender a sociedade e a cultura na época dos fatos. Outra importante fonte para essa contextualização histórica é a *Revista Espírita* (*Revue Spirite – Journal d'Études Psychologiques*), editada por Allan Kardec de 1858 a 1869.

Para a escolha de um tema que lhe dê prazer em pesquisar e que sua formação pessoal permita contribuições, é necessário que esse tema esteja em sua área de conforto. Em geral os assuntos de nossa predileção estão nessa área de conforto e, por essa razão, eles nos instigam e nos levam a refletir e estudar mais que sobre os outros aspectos. Por conseguinte, conhecemos mais dessa área do que das demais e essa é a principal razão para justificar a escolha de um tema para exposição dentre aqueles contidos nessa área.

Outros argumentos como: curiosidade, gostaria de aprender, acho bonito etc. são razões inválidas para determinar nossa escolha. É válido escolher um tema para estudar, pelas razões citadas, mas não é válido escolher esse tema para exposição enquanto não o dominamos.

Um aspecto que não pode ser esquecido é tratar apenas de um tema e não tentar abordar tudo numa única apresentação. Muitas vezes o expositor se sente compelido, dada a beleza da doutrina do Cristo e dos espíritos, a fazer uma apresentação tipo "visão geral". Essa perda de objetividade compromete o entendimento dos diversos assuntos tratados, uma vez que o tempo dedicado a cada um deles é pequeno e os presentes podem perder a linha de raciocínio, após sucessivos saltos por assuntos diferentes. É preciso escolher um tema específico e se manter dentro dele.

Segundo ADAS[1]

> Ser específico ... não é necessariamente falar longamente sobre determinado tema. Significa, sim, não desviar do assunto em questão. Ser específico é ir ao detalhe que torna a informação precisa. A especificidade ajuda o cérebro do interlocutor a criar uma imagem mental sobre o que está escutando.

Como uma extensão da questão supra queremos deixar um alerta: CUIDADO COM ÁREAS QUE NÃO DOMINAMOS.

A credibilidade da doutrina espírita, muitas vezes, passa pela credibilidade da fala do expositor espírita que, por ufanismo e ignorância, pode proferir barbaridades, em nome da doutrina, como "a ciência já aceita o espiritismo", "A ciência já provou a existência dos espíritos" ou "A física quântica provou a existência de Deus". Não podemos confundir a posição pessoal de um cientista com a posição da ciência oficial.

Resumindo e retomando a questão da escolha do tema, lembramos que ela deve ser pautada pelos seguintes aspectos:

1. Relevante para a doutrina espírita e seus objetivos.
2. Adequado e relevante para o público.
3. Dentro da área de conhecimento do expositor.

Lembrando ainda que O EXPOSITOR ESPÍRITA DEVE PRIVILEGIAR:

1. **Esclarecer** (informar, ensinar).
2. **Construir** (conscientizar e motivar para mudanças).
3. **Consolar** (orientar irmãos necessitados).
4. **Plantar sementes de amor e moral** nos corações e mentes.

Sem temor de redundar, encerramos dizendo que o expositor espírita, como regra, ocupa a tribuna para falar de espiritismo. Outros temas igualmente importantes devem ser tratados em outros locais e ocasiões.

[1] ADAS, E. *et al.*. *Detone: você em alta performance nos momentos decisivos*, São Paulo: Matrix, 2016. p.21.

9

APANHE UMA IDEIA

A inspiração é a equipe dos pensamentos alheios que aceitamos ou procuramos.
(XAVIER. F. C. *Seara dos médiuns.* Pelo espírito Emmanuel. Faixas.)

EM GERAL NÃO somos escritores de ofício, o que significa que não temos a habilidade de produzir, de imediato e de forma contínua, grande volume de ideias escritas, para depois serem passadas para a forma de apresentação.

Todavia, todos nós temos ideias (*insights*[7]) no dia a dia, adequadas para serem aproveitadas no desenvolvimento de um tema espírita. Essas ideias aparecem por inspiração

7 ***Insight***: ideia inovadora, revelação, percepção etc.

(lembre-se: em geral somos muito) ou por intuição motivada por um livro que estamos lendo ou um filme que assistimos, por situações da vida real ou vidas pretéritas.

Essas ideias devem ser apanhadas como se fossem borboletas (talvez o melhor seria dizer "fotografadas", pois não queremos matá-las, apenas nos apropriar de sua forma).

Por que borboletas? Porque essas inspirações são rápidas e lindas como borboletas. Logo, o "caçador" de ideias deve ficar atento, pois borboletas, digo ideias, são muito fugidias.

A questão seguinte é: como guardar ideias, que são frágeis e voláteis como borboletas e de uma forma que nos permita recuperá-las quando necessário (vamos evitar aquela frustração de saber que lemos sobre uma excelente ideia, mas não sabemos em que livro).

A essa catalogação de ideias chamaremos de formação de "repertório de conteúdos para futuras pesquisas".

Por exemplo, ao lermos ou estudarmos um livro e frente a ideias aproveitáveis, devemos catalogar essas ideias num processo muito semelhante (porém mais simples) que a técnica chamada de "fichamento", conhecida dos estudantes de Metodologia da Pesquisa Científica.

Uma técnica para fazer isso é deixarmos anotações nas margens do livro, dessa forma deixando o livro "preparado" para quando for útil para uma exposição.

O problema é que, o leitor voraz lerá muitos livros, talvez vários do mesmo autor e, voltamos à dificuldade inicial: sei que já topei com essa ideia e a marquei; só não sei em qual livro, de qual autor e em que página.

Uma segunda forma, mais eficiente que as anotações em livros e mais rápida do que o fichamento, é usar um computador como repositório, organizando as ideias em pastas separadas, provavelmente pelo seu título.

Por exemplo, a partir da ideia de um tema que poderá, no futuro, ser transformada em exposição, vamos criar uma pasta nova, com o título desse tema. Nessa pasta guardaremos todas as contribuições pertinentes ao tema (citações, imagens, vídeos, reportagens escaneadas[8] ou fotografadas, capítulos de livros etc.), à medida em que as descobrimos.

Essa pasta-repertório, no futuro, poderá ser muito útil quando formos montar a apresentação desse tema.

Outras pastas servirão para catalogar itens úteis para montar as apresentações, como: imagens de Kardec, capas de livros espíritas, imagens sobre Hydesville e família Fox etc.

Para ilustrar as apresentações em PowerPoint® [9] ou outro programa similar, costumamos usar uma pasta de elementos gráficos para ilustração como: imagens de blocos de notas, canetas, alfinetes de mapa, cantoneiras etc. (eu sei que a Internet tem tudo isso, mas como eu já encontrei e talvez tenha até retocado essas imagens, não quero perdê-las e depois ter que sair procurando-as novamente).

Uma técnica ensinada nas disciplinas de orientação para monografias, dissertações e teses, é de que devemos escrever trechos de texto, logo após a leitura de um tex-

---

8 **Escanear (ou escanerizar):** Imagem gerada a partir de um documento impresso, por meio de um scanner.

9 **PowerPoint®:** Software de apresentação da Microsoft que faz parte da suíte Microsoft Office. Existem programas similares como o OpenOffice Impress® que é um software gratuito.

to e que, para montar nosso capítulo, devemos cortar e colar nossos pedaços de texto e depois escrever a ligação entre eles. Com essa técnica conseguimos produzir um texto mais facilmente do que se fôssemos escrevê-lo na íntegra e de uma só vez.

Concluindo, o expositor motivado (e mesmo o estudante da doutrina espírita), está sempre alerta para um súbito e rápido aparecimento de uma linda borboleta-ideia. Boa caçada!

SEQUÊNCIA DO TRABALHO:

1. Escolher o tema.

10

A ESCOLHA DO TÍTULO

A palavra é vigoroso fio de sugestão. É por ela que recolhemos o ensinamento dos grandes orientadores da humanidade, na tradição oral, mas igualmente com ela receberemos toda espécie de informações no plano evolutivo em que se nos apresenta a luta diária.

(XAVIER. F.C. Revista *Reformador* ano 77 No. 4 – abr. 1959 p.6. Pelo espírito Emmanuel. Palavra falada.)

NESTE PONTO DO processo de desenvolvimento de uma exposição, talvez seja precoce abordarmos a questão do título, mas existe uma irresistível atração pela definição do título da exposição. Não raro vejo expositores encontrarem um título atraente e construir uma exposição em torno dele, o que na prática não é desejável para um principiante. Primeiro escolhemos (ou somos designados para desenvolver) um tema.

Uma vez que o tema já está definido, o título pode ser deixado por último, porque muitas vezes trocamos o primeiro título (que chamaremos de título provisório) durante a pesquisa ou a elaboração da exposição, porque à medida em que vamos conhecendo melhor o tema, surgem novas ideias sobre o título.

Mesmo quando a instituição indica o tema, definir um título é uma oportunidade para usar a criatividade e sairmos das formas repetitivas, usando uma forma de atratividade para o nosso público, principalmente nas casas espíritas que anunciam as palestras com antecedência.

A escolha do título pode ser uma forma de atrair a curiosidade de nosso público e, de certa forma, prometer que a exposição não será uma repetição de outras já assistidas.

Algumas vezes o título escolhido praticamente resume e encerra, de maneira brilhante, tudo o que poderia ser dito, como por exemplo "Deus é Amor". O que mais pode-se dizer depois dessa afirmação forte? Que tal trocar pelo título "O que é Deus", recorrendo à questão número um de *O Livro dos Espíritos*. Nesse caso, a afirmação "Deus é Amor" será um excelente fechamento para a apresentação.

A título de exemplo, citaremos alguns títulos, que têm as características de serem atrativos e não são apenas a repetição do tema escolhido.

- O que é esse tal de espiritismo?
- A transfusão de energia vital na psicosfera humana.
- A alma do outro.
- Educação para a morte.

- Em busca do sentido da vida.
- Espiritismo e religião: as diferenças que fazem a diferença.

De qualquer forma, o título tem que representar (ainda que de forma velada), o assunto a ser tratado, para que o expositor não cometa o erro de "não entregar o que prometeu".

Um título muito longo, eventualmente pode indicar que a exposição pretende tratar de muitos temas, o que gera uma salada de conteúdos e divide o tempo impedindo uma efetiva reflexão sobre o que deveria ser **um único tema**. Um bom exemplo desse equívoco é "O amor, o ódio, o perdão e a obsessão".

Por outro lado, títulos muito concisos como "Parábolas de Jesus" são mais apropriados para nomes de livros do que para título de uma exposição.

A prática de usar título e subtítulo dá a oportunidade de informar melhor qual o tema a ser tratado e até o enfoque usado, como por exemplo "A evolução da mediunidade: uma releitura de *O Livro dos Médiuns*".

Fica o conselho: título definitivo é o último detalhe de uma exposição.

SEQUÊNCIA DO TRABALHO:

1. Escolher o tema.
2. Escolher o título provisório.

11

UM PLANO DE TRABALHO

O fogo sagrado, ali aceso, será empunhado, através dos séculos, por todos aqueles que se compromissaram, mesmo ao preço de injúrias, suor e lágrimas, a divulgar as glórias do espiritismo pela bênção da palavra.
(KARDEC, Allan. *Viagem Espírita em 1862*. Prefácio.)

METODOLOGIAS E TÉCNICAS são receitas de bolo e caminhos a serem trilhados por aqueles que ainda não têm prática no desenvolvimento de uma determinada atividade.

Com o passar do tempo, a pessoa adquire prática em executar a atividade e já não mais necessita da trilha definida pela metodologia, fazendo o trabalho de forma autônoma e, quase sempre, com as adaptações e facilidades que foi criando à medida em que ficou experiente no processo.

A ideia de termos um plano de trabalho para o desenvolvimento de uma exposição é um caminho para auxiliar os iniciantes, que certamente será abolido à medida em que a experiência suprir as dúvidas do processo.

Esse plano de trabalho facilita aos iniciantes buscarem auxílio de irmãos experientes, bem como serve de guia para não perder o foco do tema durante a pesquisa.

Para isso criamos um formulário onde o expositor poderá anotar as primeiras informações sobre o tema (tópicos) bem como as fontes iniciais de pesquisa.

No campo "duração" deve ser escrito o tempo disponível para a apresentação (em minutos), de forma a que não nos esqueçamos dessa importante restrição; a casa espírita tem um programa de trabalho que segue - ou deve seguir - horários previamente estabelecidos e a preleção pública é uma dessas atividades.

No campo "tema" escreveremos a ideia, o conceito ou o título designado como tema (foco) da exposição. Não devemos confundir tema com título, uma vez que o tema tem que ser definido no início da pesquisa e o título é uma das últimas providências (senão a última) que tomaremos (relembrando capítulo anterior). O tema será um importante divisor para definir quando estamos fugindo do objetivo da apresentação ou quando temos que cortar o material porque a apresentação está muito grande.

Em seguida vamos marcar a área de concentração em que vamos abordar o tema e que, do ponto de vista da doutrina espírita pode ser: religião, filosofia, ciência ou história. Lembremo-nos do tríplice aspecto da doutrina, mas também que o estudo da evolução histórica de algum aspecto (mediunidade, religião etc.) pode ser apresentado num contexto onde os fatos históricos ganham relevância.

Não é incomum que um determinado tema seja apresentado por meio de conceitos oriundos de mais de um aspecto (por exemplo, o passe tratado como transferência de energia vital, mas também sua adoção no tempo de Jesus e por outras religiões contemporâneas). Nesse caso, devemos marcar os demais aspectos que serão abordados.

A seguir devemos relacionar os principais tópicos (aspectos) que comporão o desenvolvimento da exposição. Lembre-se que, caso seja a primeira vez que você desenvolve esse tema, muitos aspectos relevantes irão aparecer na fase de pesquisa. Nesse caso sugerimos manter esse plano de trabalho atualizado.

Por último e, à medida em que vamos realizando nossa pesquisa nas fontes escolhidas (Capítulo 11 - A fase da pesquisa e Capítulo 13 - Como fazer a pesquisa), vamos anotando-as nos espaços reservados para referências às obras que foram estudadas e utilizadas, indicando: título da obra, autor, capítulo, questão/tópico e página. Essas informações serão utilizadas para colocarmos referências e citações (Capítulo 15 - Referências e citações) nos slides da apresentação.

A fim de auxiliar os iniciantes, estamos incluindo um modelo desse formulário no final deste capítulo, mas lembramos novamente que a adoção de um plano de trabalho pode ser útil para iniciantes, mas certamente será abolido à medida em que se obtém experiência em pesquisa.

SEQUÊNCIA DO TRABALHO:

1. Escolher o tema.
2. Escolher o título provisório.
3. Opcionalmente, preencher o plano de trabalho.

PLANO DE TRABALHO

TEMA		
TÍTULO		
DURAÇÃO		Minutos

TÓPICOS

01			
Fonte		Págs.	
Fonte		Págs.	

02			
Fonte		Págs.	
Fonte		Págs.	

03			
Fonte		Págs.	
Fonte		Págs.	

04			
Fonte		Págs.	
Fonte		Págs.	

05			
Fonte		Págs.	
Fonte		Págs.	

12

A FASE DA PESQUISA

Ao colaborador da propaganda doutrinária, representa a interpelação incessante acerca da tarefa de resguardar a pureza dos postulados que consolam e instruem.

(XAVIER, F. C. *O Espírito da Verdade*. Pelo espírito Emmanuel. 54 – Que buscais?)

UMA VEZ QUE o tema já foi escolhido ou designado, o passo seguinte é fazer a pesquisa para coletar conteúdos que serão posteriormente organizados na ordem em que desejamos desenvolver o tema.

Este passo deve ser realizado, mesmo que você já conheça o tema. Uma boa pesquisa pode trazer à luz novas abordagens, que acabarão produzindo uma apresentação que não é simplesmente a repetição de argumentos que todos já leram e ouviram, mas uma apresentação que pode trazer novos aspectos e novos conteúdos mesmo para espíritas mais experientes. Quando isso acontece, em geral a reunião agrada a novatos e veteranos.

Pesquisa significa buscar conteúdos relacionados com o tema da exposição, em livros e revistas e que chamaremos "fontes" e que são assim classificados:

> **Fontes primárias**: devem ser consultadas inicialmente e são livros e textos de autores classificados como fonte oficial ou maior especialista sobre o assunto. Resumindo, são autores sobre os quais não paira nenhuma dúvida sobre a veracidade de seus escritos.
>
> Evidentemente que, em se tratando de doutrina espírita, a fonte primária está nos livros da Codificação, portanto, o especialista máximo é Allan Kardec, como pesquisador e organizador dos conhecimentos trazidos pelos espíritos, além dos textos que ele mesmo redigiu (e que sempre foram avaliados pela plêiade de espíritos que trabalhavam sob o comando do Espírito de Verdade).
>
> Uma pesquisa séria sobre um tema espírita, precisa obrigatoriamente beber conhecimentos na fonte das obras básicas da codificação kardequiana[10] e receber a chancela de, pelo menos uma citação de Kardec.

---

10 *O Livro dos Espíritos* (1857), *O Livro dos Médiuns* (1861), *O Evangelho segundo o Espiritismo* (1864), *O Céu e o Inferno* (1865) e *A Gênese* (1868).

Fontes secundárias: sem estabelecer um juízo de valor sobre sua importância ou atualidade, essa denominação apenas informa que o autor cita e expande conceitos emitidos pelas fontes primárias), enriquecendo e atualizando a apresentação.

Por exemplo, muitos aspectos da terceira revelação vêm sendo expandidos pelo trabalho de espíritos de reconhecido conhecimento, por meio do trabalho de médiuns idôneos. É o que acontece nas obras de Emmanuel e André Luiz pela mediunidade de Francisco Cândido Xavier e de Joanna de Ângelis por meio de Divaldo Pereira Franco, entre outros.

Em se tratando de fontes secundárias, a única questão é, como diria Herculano Pires, separar o joio do trigo. Se você ainda não tem bastante conhecimento sobre os autores espíritas, peça ajuda a um dirigente ou espírita que tenha esse conhecimento, de forma a não usar fontes controversas, da mesma forma que já orientamos fugir de temas polêmicos, que certamente não estarão presentes nas fontes primárias.

Evite usar autores novos, excessivamente místicos ou aqueles que misturam abordagem espírita com outras correntes espiritualistas e esotéricas. O tempo cuidará de fazer a seleção.

Não confie de pronto no fato de que a obra está presente na biblioteca da casa espírita. Muitas vezes o acervo da biblioteca nunca recebeu um trabalho de classificação e, na mesma estante estão livros doutrinários, livros de outros segmentos espiritualistas, místicos, literários em geral e até aqueles escritos por detratores da doutrina.

Sempre que coletamos um conteúdo de determinado livro, é preciso anotar sua referência (nome do livro, autor etc.) para que o devido crédito seja dado ao seu autor (referência) no momento em que esse conteúdo for citado (vide Cap. 15).

Outra razão importante para a citação é dar credibilidade para nossa exposição, uma vez que, indicando as fontes utilizadas, nosso ouvinte pode voltar à fonte que usamos, tirar dúvidas ou aprofundar-se no entendimento do tema.

Conteúdos vindos da internet devem merecer um cuidado especial e, se não forem de fontes confiáveis, devem ser evitados. A principal razão é que os autores desses conteúdos podem não ter o conhecimento doutrinário que atribuímos a eles e, para ler citações de fontes primárias, prefira sempre a segurança da leitura direta na fonte (o livro).

Na internet encontraremos sites fidedignos como aqueles das organizações do movimento de unificação da doutrina (FEB, USE etc.) ou de casas espíritas notoriamente conhecidas por serem de orientação kardequiana e pelo rigor com que tratam a pureza doutrinária.

Um site credenciado pode substituir um dicionário, agilizando uma busca, pode servir de fonte para imagens (ilustrações) de nossos slides (cuidado com a autoria dessas imagens) e pode nos ajudar a descobrir diferentes abordagens de um determinado tema.

Por exemplo, num site de busca como o Google encontraremos imagens (fotos, desenhos, *clipart* e animações), livros no formato e-book para baixar (fazer download) ou no formato papel que podem ser adquiridos diretamente pela internet, pesquisa de significado e etimologia de palavras, mapas e estatísticas.

Todavia, por uma questão de responsabilidade, numa pesquisa não se pode dispensar a leitura de fontes primárias, para a certeza de que estamos transmitindo a verdadeira conceituação da doutrina sobre o tema. Nesse caso, a internet pode ser uma ferramenta útil, uma vez que nela encontramos muitos livros doutrinários no formato de e-book[11] e PDF, principalmente das obras básicas.

Um tema pertencente à área da filosofia, deve merecer uma pesquisa para encontrar o pensamento de filósofos e escolas filosóficas a esse respeito. Da mesma forma, um tema que pertença ao aspecto científico da doutrina, deve trazer explicações desses conceitos à luz da ciência oficial (física, química, biologia, medicina, astronomia etc.).

Nunca devemos utilizar uma palavra quando desconhecemos seu significado. O recomendado é consultar um dicionário, ficando assim preparado para a possibilidade de que alguém nos pergunte o significado do termo usado. Na verdade, esse fato indica que, provavelmente, estamos usando um termo pouco conhecido (rebuscado, arcaico etc.) e, para melhor aproveitamento de todos os ouvintes, deveríamos substituir esse termo por um sinônimo de uso comum.

Por exemplo, usar o termo taxonomia ao invés de classificação, não ajuda os presentes a entenderem melhor o conteúdo de sua exposição. Ao contrário, pode parecer puro "pedantismo" do expositor. Para exemplificar melhor, ao invés de usar "pedantismo", que é a ca-

---

11 E-book – livro eletrônico.

racterística de quem é pedante, vamos usar termos mais comuns como arrogante ou vaidoso.

Ainda, em se tratando de consulta a dicionário, acostumemo-nos a buscar a raiz (etimologia) de termos importantes presentes no tema (principalmente no título). Muitas vezes, a origem do termo rende bons comentários na exposição.

Como exemplo temos o radical da palavra saber que é o termo "*sapere*" que vem do latim e significa conhecer, mas também significa "ter sabor". Esse fato nos permite comentar como o conhecimento nos traz um tipo de sabor especial, de satisfação íntima.

Da mesma forma o vocábulo espírito deriva de *spiritus* (latim) e tem significado de alma, mas também de sopro e ar. Lembremo-nos do ensinamento de Jesus a Nicodemos (João 3:8) quando ele diz que o espírito é como o vento que sopra onde quer, você ouve sua voz, mas não sabe de onde vem.

Já a palavra satanás em hebraico significa acusador e em árabe significa ser hostil, acusar. Portanto é lícito pensar que uma pessoa que fosse contra o pensamento oficial de um rabino, poderia ser rotulada de satanás, sem nenhuma conotação com o conceito de diabo e inferno.

Independente de estarmos fazendo pesquisa para uma exposição, toda leitura espírita (e, às vezes, de livros didáticos, jornais e até de programas de televisão como documentários históricos e científicos) pode render observações e conteúdo para exposições.

Habitue-se ao ler um livro de deixá-lo preparado, ou seja: marcar os bons trechos e citações relevantes. Quando você voltar ao livro numa pesquisa, encontrará muito material já identificado. Essa prática pode ser feita em livros no formato papel, mas também pode ser feita em e-books (não protegidos) por diversos aplicativos (geralmente de tabletes) que permitem assinalar, destacar texto, escrever comentários, fazer desenhos e colocar marcadores de página.

Novamente é preciso alertar para o cuidado que devemos ter com temas relativos a áreas em que não dominamos. Muitas vezes, a área é excessivamente técnica e complexa e nossa falta de domínio pode nos levar a transmitir conceitos que são de senso comum (interpretação popular), mas que estão muito longe do conceito usado por aquela área do conhecimento.

Concluímos lembrando novamente que o expositor espírita fala de temas espíritas; mesmo que seja um tema de autoajuda, ele deve ser desenvolvido em termos do Evangelho do Cristo e da Terceira Revelação.

SEQUÊNCIA DO TRABALHO:

1. Escolher o tema.
2. Escolher o título provisório.
3. Opcionalmente, preencher o plano de trabalho.
4. Pesquisar conteúdos sobre o tema.

13

COMO FAZER A PESQUISA

Dissemos que o espiritismo é toda uma ciência,
toda uma filosofia. Quem, pois, seriamente queira
conhecê-lo deve, como primeira condição,
dispor-se a um estudo sério e persuadir-se
de que ele não pode, como nenhuma outra ciência,
ser aprendido a brincar.
(KARDEC, Allan. *O Livro dos Médiuns*.
III – Do método.)

PARA A REALIZAÇÃO da pesquisa podemos usar livros e textos em dois formatos. Podemos utilizar livros, revistas e jornais impressos em papel. Também podemos usar livros digitais (também chamados de e-books[12]) revistas e jornais impressos no formato digital (.pdf[13]) ou em outros formatos proprietários como epub, mobi etc.) ou mesmo diretamente da internet por meio de sites de busca como o Google®. A pesquisa em e-books agiliza muito o trabalho de buscar trechos e palavras dentro de um livro ou de uma coleção de livros ao mesmo tempo.

No início da pesquisa de um texto ou capítulo de livro, devemos fazer uma leitura rápida de tópicos da obra, para sabermos se elas contêm trechos de interesse para a pesquisa.

Num segundo momento teremos que fazer uma leitura atenta, estudando os trechos de interesse e fazendo sua transcrição para a pesquisa. Caso o livro em questão já tenha sido lido e marcado anteriormente, agora você terá seu trabalho de pesquisa agilizado. Trechos escolhidos devem ser copiados para o texto que estamos gerando na fase de pesquisa e, quando a fonte é digital (pdf), o trabalho fica muito simplificado (CTRL-C , CTRL-V) exceto quando o e-book está protegido contra cópia.

---

12 **E-book:** um livro ou qualquer arquivo com texto e imagens cujo formato de seu suporte não é papel mas uma mídia digital (CD, DVD etc.). Esse texto pode ser lido diretamente em páginas da internet (como um *browser*) ou em tablets e smartphones, por meio de um programa leitor (e-Reader).

13 **PDF:** É uma sigla no idioma inglês que significa *Portable Document Format* (Formato Portátil de Documento), desenvolvido pela empresa Adobe Systems com a finalidade de compactar o arquivo e permitir que um documento nesse formato possa ser visualizado por leitor de pdf, independente de qual programa gerou o arquivo.

Vamos enfatizar a pesquisa realizada em e-books, em razão das facilidades que explicaremos a seguir.

Sabemos que o uso de e-books encontrará restrições dos leitores acostumados a manusear livros impressos. É preciso admitir que o tato com o papel e mesmo o cheiro de um livro novo são estímulos positivos para pessoas acostumadas à leitura. Infelizmente, os e-books não trazem esses estímulos, mas em geral, a praticidade do formato digital é tão grande que as pessoas acabam cedendo e acostumando.

Outra facilidade com o livro tradicional é que temos mais liberdade de mudar de posição corporal ou de lugar para ler, e que no caso do e-book, só será possível com o uso de um tablete. Num computador (desktop e mesmo notebook, a posição mais ergonômica de trabalho é sentado à frente do computador).

Em contrapartida, o e-book tem a facilidade de ser virtual, não ocupando espaço físico nas prateleiras, exceto na mídia onde está gravado (disco, pen-drive, cartão, CD, DVD etc.). O tamanho de um e-book no formato .pdf é bastante compacto, a ponto de colocarmos todas as obras básicas da codificação em apenas 3,1 megabytes. Uma biblioteca composta de 17.000 títulos ocupa aproximadamente 3,0 (três) gigabytes, o que é muito pouco quando comparado com a área total disponível nos novos discos rígidos (HD), que já têm área de terabytes[14].

Com isso é possível levarmos conosco, num telefone ou tablete por exemplo, num final de semana, todas as obras que estamos pesquisando.

---

14 **Terabyte:** Um terabyte equivale a 1.024 gygabytes.

As editoras já começam a oferecer muitas obras em papel e também no formato digital. As obras da Codificação (inclusive a *Revista Espírita*) são disponibilizadas gratuitamente nesse formato, em prol da divulgação da doutrina, em vários sites de editoras e de órgãos de unificação (FEB, USE etc.).

Algumas revistas espíritas também oferecem a opção de assinatura digital (mais barata) e, em alguns casos, liberam gratuitamente o acesso a números anteriores.

Uma deficiência que tínhamos no início do uso de textos digitais, era de não podermos colocar anotações (preparação) num e-book já lido, que já não existe mais, uma vez que existem inúmeros aplicativos (app's) para tabletes e para notebooks que permitem anotar e desenhar no texto de um e-book (desde que ele não seja protegido). Podemos colocar também marcadores (para indicar uma página) comentários, grifar com destaca-texto, fazer desenhos em cima do texto original e até aplicar carimbos pré-definidos com textos como "já lido", "aproveitável" etc.

Existem inúmeros leitores gratuitos de arquivos .pdf e certamente o mais conhecido é o Adobe Reader® da Acrobat, disponível para ambiente Windows e MacOs. Basta ir ao site da Adobe e clicar na opção "Instalar agora". A instalação não requer intervenção do usuário, uma vez que o modo padrão atende perfeitamente as necessidades, porém leitores básicos não oferecem a facilidade de anotações no texto.

A partir daí, quando você clicar num arquivo com extensão .pdf, o Adobe Reader o abrirá automaticamente.

Porém, o recurso que queremos destacar é a pesquisa de palavras e frases dentro do livro, por meio de duas opções: "Localizar" e "Pesquisa avançada".

Opção "**Localizar**": (mais simples) que se encontra geralmente no menu "Editar", basta digitar o termo que queremos procurar dentro da janela de pesquisa e clicar no botão "Pesquisar". Cada vez que o termo é localizado no texto, as páginas rolam colocando o trecho na tela, com o termo destacado pelo cursor que ficará em cima da palavra procurada. Para procurar a próxima ocorrência do termo (ou a anterior), basta clicar nos botões "Anterior" ou "Próximo". Clicando "ESC" encerramos a pesquisa.

Opção "**Pesquisa avançada**": (também no menu Editar) tem duas opções úteis. A primeira é permitir um refinamento na pesquisa, excluindo maiúsculas ou minúsculas, ou buscando apenas palavras inteiras como, por exemplo, na busca pela palavra "amor" com a opção de "palavras inteiras", o programa vai ignorar o termo "amorável". Essa opção também permite fazer a **procura em vários livros simultaneamente**. Imaginemos que os e-books de interesse estão separados em uma pasta (por exemplo, a pasta com as obras de Kardec). Podemos definir que a pesquisa seja feita em todos os livros dessa pasta de uma única vez, ao invés de fazê-la em um único livro. O resultado é obter, de imediato, todos os textos onde aparece a palavra ou frase pesquisada. Opcionalmente podemos também gerar, automaticamente, um relatório assinalando todas as ocorrências do termo procurado, indicando livro, página e o trecho localizado.

É preciso ressaltar que a agilidade na pesquisa não significa que agora o expositor não precisa mais estudar de forma sistemática e disciplinada; basta procurar citações e trechos em obras editadas e montar uma apresentação de forma rápida, sem linha lógica (uma autêntica colcha de retalhos), sem apresentar contribuições e novos aspectos para o tratamento do tema.

Quem assim proceder, estará ganhando apenas um fino verniz de conhecimento sobre o tema, como o aluno que não lê um livro sobre a teoria, mas busca fragmentos nos sites do tipo "wiki". Ousar ocupar a tribuna espírita e o tempo dos irmãos (dos dois planos) com uma preparação superficial e um conteúdo vago e repetitivo é uma irresponsabilidade que certamente justifica o temor de fazer sua exposição e a falta de apoio dos mentores espirituais.

Antes de encerrarmos este capítulo, temos que fazer uma observação sobre a questão de direitos autorais. Na internet encontraremos, além das obras já citadas, uma infinidade de livros espíritas, que foram transformados em e-book sem a autorização do seu autor e da editora. Essa prática, além de ser imoral e antiética, prejudica sobremaneira as editoras espíritas que, como sabemos, existem com o objetivo de difundir a doutrina, como podemos depreender pelo preço irrisório das obras espíritas. Todavia, há que existir uma margem de lucro para permitir que a editora cubra seus custos, pague os impostos, funcionários etc. e continue existindo.

A prática da "pirataria" atenta contra o direito do autor e da editora, além de prestar um desserviço para o espiritismo. O ideal é que haja uma demanda pelo consumo de e-books comprados legalmente, incentivando as editoras a produzirem livros também nesse formato, que é mais barato e poupa nossas florestas.

Como colaborar para que as editoras espíritas possam continuar existindo? Mesmo usando um e-book encontrado na internet, compre sua versão impressa, compre os novos títulos no formato papel e mantenha, juntamente com sua biblioteca digital, a biblioteca tradicional. Não assuma essa duplicidade como um desperdício, mas como seu óbolo para a continuidade das editoras, uma vez que uma imensa parcela de nossa população não tem acesso a computadores e dispositivos móveis, carecendo assim do livro em papel. Na biblioteca de uma casa espírita, um livro no formato papel é uma sementeira de luz que dura anos e décadas, se bem cuidado.

SEQUÊNCIA DO TRABALHO:

1. Escolher do tema.
2. Escolher o título provisório.
3. Opcionalmente, preencher o plano de trabalho.
4. Pesquisar conteúdos sobre o tema.
    a. Em formato papel ou, preferencialmente, digital (e-book ou internet).
    b. Encontrar os trechos significativos para o tema/abordagem.
    c. Copiá-los para o texto da apresentação.

14

O TEXTO RESULTADO DA PESQUISA

O ensino dos Espíritos tem que ser claro e sem equívocos, para que ninguém possa pretextar ignorância e para que todos o possam julgar e apreciar com a razão. Estamos incumbidos de preparar o reino do bem que Jesus anunciou. Daí a necessidade de que a ninguém seja possível interpretar a lei de Deus ao sabor de suas paixões, nem falsear o sentido de uma lei toda de amor e de caridade.
(KARDEC, Allan. *O Livro dos Espíritos*. Questão 627.)

OS TEXTOS, CITAÇÕES e imagens encontradas na fase de pesquisa precisam ser arrumados em uma ordem lógica, acrescentados pelos comentários e pelos textos do expositor, que dão a continuidade de sentido entre os trechos copiados na pesquisa.

O expositor que já adquiriu prática ou que está trabalhando com um tema de seu total domínio, pode perfeitamente transferir textos e imagens diretamente para os slides da apresentação, omitindo a elaboração de um texto completo da exposição.

Todavia, uma passagem intermediária, entre a fonte de pesquisa e os slides, na forma de texto completo oferece algumas vantagens, como citamos a seguir:

1. Capacidade de ver a totalidade do trabalho, ganhando assim uma compreensão sobre toda a apresentação, inclusive sobre a necessidade de alterar a ordem de alguns conteúdos, para colocar o tratamento do tema numa sequência mais natural (ou inédita).
2. Facilidade para identificar possíveis textos ou ideias repetidas, o que é muito comum e deve ser evitado (redundância não traz clareza nem ressalta a importância).
3. Facilidade de encontrar eventual perda de foco no tema, o que pode ser constatado pela abordagem de temas paralelos que, embora relacionados com o tema central, não são necessários para seu entendimento.
4. Ajuda a perceber a necessidade de melhor detalhamento de algum aspecto da exposição, para facilitar o entendimento ou porque trata-se de um conceito muito importante ou difícil de ser assimilado.
5. Esse texto completo servirá para estudar a fala do expositor, quando os slides estiverem prontos (lembre-se que o texto completo não estará nos slides, como explicaremos no capítulo 17).
6. Passado um tempo da apresentação inicial, somos convidados para expor novamente o mesmo tema. Nesse

caso, bastará ler esse texto corrido para recordar as falas da apresentação.

Então, uma sequência bastante adequada para a fase de elaboração da apresentação é:

1. Copiar um bloco de texto escolhido, a partir do arquivo original (no caso de texto digital como um e-book) e colar no texto corrido, ou digitá-lo quando a fonte for texto impresso.
2. Fazer as adaptações necessárias, inserindo nossa redação ou seja: reescrever, resumir, suprimir, alterar a ordem dos parágrafos e, finalmente, fazer com que todo o texto corrido tenha uma unidade e não fique um monte de recortes sem ligação entre si. Também devemos inserir as referências que indicam o autor do texto fonte que estamos utilizando (vide capítulo 14).
3. Quando o texto estiver pronto, poderemos copiar blocos desse texto e colar nos slides da apresentação. Em seguida, devemos fazer um resumo do bloco de texto (editando-o), transformando-o assim em uma sentença (um tópico) ou uma lista de itens, de forma a servir para marcação do desenvolvimento do tema (no capítulo 18 ainda trataremos da questão do *layout* dos textos e imagens).

Ao contrário do que se pensa, escrever a apresentação (texto completo) tem um grau maior de dificuldade, do que fazer sua exposição (principalmente depois do desenvolvimento do PowerPoint e outros recursos da tecnologia da informação).

Nessa fase de construir o texto completo, cabem algumas observações:

1. Não perca o tema central: ele é o nosso objetivo. Não é raro que, ao desenvolver o tema, acabemos passando para assuntos correlatos, mas não necessários para explicar o tema. Ao elegermos um só assunto e o tratarmos com clareza e sem redundâncias, estamos reconhecendo que, em termos de conteúdo, menos é mais, ou seja: resista à tentação de colocar conteúdo que ocuparia uma a duas horas de apresentação, quando o tempo definido é de quarenta e cinco minutos.

2. Evite frases bombásticas ou rebuscadas e palavras superlativas, mas que contribuem pouco para o entendimento da apresentação. Tudo o que não acrescentar significado deve ser excluído. **Se não ajuda o entendimento, então atrapalha.**

SEQUÊNCIA DO TRABALHO:

1. Escolher o tema.
2. Escolher o título provisório.
3. Opcionalmente, preencher o plano de trabalho.
4. Pesquisar conteúdos sobre o tema.
   a. Em formato papel ou, preferencialmente, digital (e-book ou internet).
   b. Encontrar os trechos significativos para o tema/abordagem.
   c. Copiá-los para o texto da apresentação.

5. Trabalhar o texto da apresentação, observando os seguintes detalhes:
   a. Buscar a melhor ordem para apresentar as ideias.
   b. Excluir ideias repetidas ou que não sejam prioritárias para o entendimento do tema.
   c. Reescrever as frases, resumir, suprimir e, se necessário, alterar a ordem dos parágrafos.
   d. Detalhar melhor os conceitos fundamentais ou de difícil entendimento.
   e. Acrescentar o texto necessário para unir as ideias apresentadas, dando uma continuidade e unidade à apresentação como um todo.

15

REFERÊNCIAS E CITAÇÕES

Tomai, pois, por divisa estas duas palavras: devotamento e abnegação, e sereis fortes, porque elas resumem todos os deveres que a caridade e a humildade vos impõem. O sentimento do dever cumprido vos dará repouso ao espírito e resignação.

(KARDEC, Allan. *O Evangelho segundo o Espiritismo*. Cap.6.)

CHAMA-SE "**CITAÇÃO**" COLOCAR em nosso trabalho (nesse caso nos slides da exposição) o nome do autor do livro ou texto que estamos usando. A menção do nome do autor é um dever de ética, senão uma obrigação moral de dar o crédito a quem merece.

As citações serão feitas no próprio slide em que apresentamos um texto de outro autor, para sua melhor compreensão do tema tratado ou para mostrar a importância do assunto, que naturalmente será deduzida pela importância do autor da citação.

Segundo as normas acadêmicas, uma citação pode ser feita na forma **direta**, ou seja: transcrição textual de parte da obra do autor consultado.

Também podemos usar a forma **indireta** (também chamada de paráfrase ou citação em síntese), onde apresentamos apenas a referência às ideias ou conceitos do autor consultado, com as nossas palavras, desde que o pensamento expressado permaneça fiel ao texto original.

Exemplo de **citação direta com até três linhas de texto**, onde o texto original será inserido, sem alterações, num período do nosso trabalho, porém separado por aspas e com menção do autor:

... segundo Kardec em *O Livro dos Espíritos* (Introdução), **"A alma possuía sua individualidade antes de encarnar; conserva-a depois de se haver separado do corpo".**

Exemplo de **citação direta com mais de três linhas de texto**, onde o texto original será apresentado, sem alterações, num bloco de texto sem aspas, mas separado por uma linha em branco, com margem esquerda de quatro centímetros, fonte corpo 10, sobrenome do autor em letra maiúscula:

> As comunicações dos espíritos com os homens são ocultas ou ostensivas. As ocultas se verificam pela influência boa ou má que exercem sobre nós, à nossa revelia. Cabe ao nosso juízo discernir as boas das más inspirações. As comunicações ostensivas se dão por

meio da escrita, da palavra ou de outras manifestações materiais, quase sempre pelos médiuns que lhes servem de instrumentos (KARDEC, ano, página).

A seguir apresentamos exemplos **de citação indireta (paráfrase ou citação em síntese) correspondentes aos exemplos de citação direta.**

Segundo Kardec nos apresenta na Introdução de *O Livro dos Espíritos*, toda alma, antes de encarnar, possui uma individualidade correspondente ao espírito reencarnante e, essa individualidade se conservará quando esse espírito novamente desencarnar.

Kardec nos ensina que os espíritos se comunicam conosco, de forma oculta ou ostensiva, sendo que as comunicações ocultas se dão na forma de influências boas ou más sobre nossos pensamentos, em atendimento a nosso desejo ou mesmo contra nossa vontade, cabendo a nós distinguir quando se trata de boa ou má inspiração. Já as comunicações ostensivas ocorrem por meio de diferentes formas de mediunidade como psicografia, psicofonia etc.

Como existem outros detalhes quanto à citação, mais adequados a um trabalho acadêmico do que às nossas exposições, apenas lembraremos que a Norma ABNT[15] NBR 10520:2002[16] trata detalhadamente dessa questão. Essa norma pode ser obtida gratuitamente pela internet, em razão de sua relevância.

---

15 **ABNT:** Associação Brasileira de Normas Técnicas

16 **Norma ABNT NBR 10520:2002** – Informação e documentação – Citações em documentos – Apresentação

A toda **CITAÇÃO** deverá corresponder uma **REFERÊNCIA**, ou seja: a forma de indicarmos a fonte original da qual a citação foi retirada.

Incluir referências é acrescentar informações sobre a fonte que estamos usando, como o nome do livro, autor, ano da publicação, editora e edição.

A inclusão da referência serve para que nossos ouvintes tenham a oportunidade de ir à mesma fonte que usamos, com a finalidade de expandir a pesquisa, dirimir dúvidas ou até para conferir se o que falamos é verdade. Trata-se de um direito legítimo de nossa plateia.

Segundo a Norma ABNT NBR 6023:2002[17] que define a forma das referências nos trabalhos acadêmicos, existem formatos específicos para fazermos uma referência para diferentes tipos de fontes (livro completo, parte de livro, jornal, material oriundo da internet, mapas, partituras musicais etc.).

Pela diversidade de formatos nas fontes, vamos citar apenas exemplos para livro, revista e internet, deixando a cargo do leitor pesquisar em detalhes, se necessário, no texto da própria norma, que também pode ser encontrada na internet.

- Exemplo de livro usado no todo:

KARDEC, Allan. ***O Livro dos Médiuns***. 62. ed. Brasília: FEB, 1996.

---

17 **Norma ABNT NBR 6023:2002** – Informação e documentação – Referências – Elaboração

• Exemplo de livro quando usamos apenas o capítulo III.

KARDEC, Allan. ***O Livro dos Médiuns***. *In*: Capítulo III - Do método, tópico 18. 62. ed. Brasília: FEB, 1996.

• Exemplo de revista.

DOSSIÊ SUPERINTERESSANTE: **Chico Xavier - o homem, os espíritos, a polêmica**. São Paulo: Ed. Abril, 2014. Edição Especial.

• Exemplo de conteúdo vindo da internet. Esse endereço foi consultado pela última vez em 15 de dezembro de 2015.

SILVA, RICARDO. **A organização administrativa da instituição espírita e a fiscalização dos órgãos oficiais**. Disponível em <http://www.febnet.org.br/wp-content/uploads/2015/02/Espaco-juridico-jan-2015.pdf>. Acesso em 15 dez. 2015.

ATENÇÃO: Nossa preocupação de trazer a forma metodológica correta é apenas para informar e para que, numa apresentação aberta ao público em geral, ela seja usada, de forma a atender a exigência cultural dos presentes em geral.

Porém, para as exposições realizadas na casa espírita, é nosso entendimento que devemos primar mais pelo conteúdo do que pela forma, e nesse caso nós sugerimos o seguinte:

1. Fazer todas as citações na forma direta e em bloco de texto (como se tivesse mais de três linhas). O ideal é que essa citação seja apresentada como o único conteúdo de um slide da apresentação, dando assim o destaque necessário.
2. As referências podem ser apresentadas no último slide da apresentação, num formato resumido, onde aparecerá apenas o nome do autor, o título da obra e o capítulo de onde o texto foi retirado.

Entendemos que, assim procedendo, garantimos o crédito do autor, permitimos que nossos ouvintes possam voltar à fonte original, ao mesmo tempo em que mantemos uma simplicidade e objetividade desejáveis nas exposições realizadas na rotina da casa espírita.

NOTA: No contexto deste livro, adotamos colocar as referências de obras consultadas segundo o padrão da norma ABNT NBR 6023:2002, usando uma identificação como numeração sequencial dentro de colchetes, numeradas por capítulo e apresentadas no final do capítulo. Todavia, nas citações que abrem cada capítulo, adotamos uma versão reduzida de referência, suficiente para que o leitor encontre a fonte.

SEQUÊNCIA DO TRABALHO:

1. Escolher o tema.
2. Escolher o título provisório.
3. Opcionalmente, preencher o plano de trabalho.

4. Pesquisar conteúdos sobre o tema:
   a. Em formato papel ou, preferencialmente, digital (e-book ou internet).
   b. Encontrar os trechos significativos para o tema/abordagem.
   c. Copiá-los para o texto da apresentação
5. Trabalhar o texto da apresentação, observando os seguintes detalhes:
   a. Buscar a melhor ordem para apresentar as ideias.
   b. Excluir ideias repetidas ou que não sejam prioritárias para o entendimento do tema.
   c. Reescrever as frases, resumir, suprimir e, se necessário, alterar a ordem dos parágrafos.
   d. Detalhar melhor os conceitos fundamentais ou de difícil entendimento.
   e. Acrescentar o texto necessário para unir as ideias apresentadas, dando uma continuidade e unidade à apresentação como um todo.
   f. Incluir as referências correspondentes às citações usadas.

16

ESTRUTURA DE UMA EXPOSIÇÃO

Aliás, não é de bom aviso atacar bruscamente os preconceitos. Esse o melhor meio de não se ser ouvido. Por essa razão é que os espíritos muitas vezes falam no sentido da opinião dos que os ouvem: é para os trazer pouco a pouco à verdade. Apropriam sua linguagem às pessoas, como tu mesmo farás, se fores um orador mais ou menos hábil. Daí o não falarem a um chinês, ou a um maometano, como falarão a um francês, ou a um cristão.

(KARDEC, Allan. *O Livro dos Médiuns*. Cap. 28.)

UMA EXPOSIÇÃO DEVE ser construída de uma forma lógica e pedagógica, geralmente por meio de quatro módulos, apresentados na seguinte ordem:

1. ABERTURA: formalidade de apresentar o expositor, prece inicial etc. e geralmente será realizada pela pessoa responsável pela atividade.
2. MOTIVAÇÃO: o expositor envolve os ouvintes, despertando a curiosidade ou falando da importância do tema.
3. DESENVOLVIMENTO: é o módulo onde o expositor faz sua apresentação propriamente dita.
4. CONCLUSÃO: o expositor faz o encerramento, deixando a mensagem final.

1. Abertura: momento em que a direção dos trabalhos (ou o expositor) faz a prece inicial. Se necessário, fará uma breve apresentação do expositor. Nesse caso importa os fatos ligados à sua atuação na doutrina e não na vida profissional. Não é necessário apresentar a biografia do expositor.

2. Motivação: Neste momento o expositor inicia sua fala, geralmente agradecendo o convite e a oportunidade de trabalhar pela divulgação da doutrina. Em ocasiões especiais, o expositor cita a razão do evento e sua relação com o tema a ser abordado na apresentação (para encanto dos presentes, espera-se que haja uma relação significativa entre a temática que levou os ouvintes ao evento e o tema que o expositor irá apresentar).

Um expositor bem preparado já tem sua apresentação ensaiada e agora é só seguir o roteiro. O nervosismo inicial vai se dissipando à medida em que o expositor adentra ao tema e, depois dos minutos iniciais, já está mais tranquilo e passa a ter domínio da apresentação. Em seguida o expositor deve procurar envolver os presentes para que eles voltem sua atenção para a exposição. A aprendizagem depende de atenção e de um processo de cognição onde o ouvinte (aprendente) busca dar significado às informações apresentadas, a partir do que elas mudam da condição de **informação** para **conhecimento**, passando a fazer parte de seu referencial pessoal. Trata-se de um momento pedagogicamente importante para o êxito da exposição. É como quando o mágico apresenta o aparelho que vai usar, para aumentar o suspense, mas obviamente sem contar o truque. É o mestre de cerimônias falando da importância do prêmio, para aumentar a atenção e o suspense sobre quem ganhou.

Para isso o expositor pode:

1. Falar sobre a relevância do tema.
2. Contar uma história relativa ao assunto.
3. Apresentar uma citação relativa ao tema, que tenha sido dita por um autor importante.
4. Dirigir perguntas introdutórias aos presentes e, por alguns momentos, ouvir as opiniões, fazendo intervenções que conduza o diálogo para o tema e a abordagem que será desenvolvida.

Invista um tempo na busca dessa introdução ao tema, uma vez que, o início e a conclusão são os dois momentos mais importantes da exposição.

Por exemplo, a motivação para uma exposição sobre o tema "Entrai pela porta estreita", começa com o expositor contando, de forma solene e pausada, que um homem se perdeu andando pelo deserto do Vale da Morte (*Death Valey*) na costa oeste dos Estados Unidos. Depois de perambular por mais de um dia sem encontrar água para matar sua sede, ele começa a ter miragens, vendo lagos e rios caudalosos, mas quando se aproxima a miragem se desfaz. Já no segundo dia, ele vê uma grande depressão no terreno onde existe um lençol de água límpida.

Quase no mesmo momento e no sopé de um pequeno monte, ele vê um filete de água que passa por entre pedras, num caminho escuro e cheio de musgos e gramíneas.

Esse homem não hesita e bebe, sofregamente, da água cristalina empossada na enorme depressão, uma vez que a outra passava por musgos e pedras limosas.

Mal sabia ele que a água aparentemente límpida, tem essa cor clara em razão da enorme quantidade de arsênico que ela contém e que, dependendo da quantidade que ele beber, essa água poderá levá-lo à morte.

A outra água tem garantia de ser própria para a vida, porque já foi escolhida por musgos e pequenas samambaias que dela se nutrem.

Em seguida, o expositor deve fazer uma parada para que os ouvintes tenham tempo para refletir e continuar fazendo as seguintes afirmações (também solene e pausadamente, dando tempo para reflexão):

- Quantas vezes em nossas vidas, o que está mais fácil não é a melhor escolha?
- Quantas vezes o prejudicial aparece com mais destaque e mais sedução?

A partir desse ponto deve-se fazer o desenvolvimento do tema, mostrando os exemplos de embates em que nós, na condição de reencarnados, travamos na matéria.

Uma citação forte para ligar a questão à religiosidade está em Mateus (7:13-14) quando diz "Entrai pela porta estreita porque grande e larga é a estrada que conduz à perdição [...]. "

3. **Desenvolvimento**: o desenvolvimento ou "corpo" da exposição ocupará em torno de 75% (setenta e cinco por cento) do tempo total da exposição, ou seja, três quartos do tempo total da apresentação.

   É nesse tempo que serão apresentados os conceitos sobre o tema, expandindo-os numa abordagem natural e lógica, de maneira a facilitar a aprendizagem (de conceitos genéricos para conceitos mais específicos, de aspectos teóricos para os práticos).

   É nessa parte da apresentação que o expositor desenvolve suas próprias ideias (já escritas no texto da apresentação), norteado pelos autores e textos estudados e sempre de maneira fiel aos princípios do Cristo e da doutrina espírita, acrescentando sempre que necessário, citações oriundas de fontes confiáveis.

   Próximo do final dessa parte da apresentação, não fique falando que já está terminando. Não passe para o público sua preocupação com o horário. Se você ensaiou cronometrando o tempo e fez o ajuste necessário, você provavelmente está dentro do tempo programado (vide cap. 20). Concentre-se, portanto, na exposição.

4. **Conclusão**: é o segundo momento mais importante da exposição. Tem como primeiro objetivo sintetizar o que aprendemos com a apresentação e encerrá-la de forma marcante como fizemos na abertura da exposição.

   Para a síntese podemos voltar às questões lançadas na motivação, uma vez que agora já temos respostas para oferecer. Essas respostas já foram apresentadas separadamente durante a exposição; agora só vamos enfatizá-las.

   Reforçar os pontos mais importantes não significa fazer um resumo da apresentação. Essa prática é enfadonha e, praticamente encerra a apresentação com requintes de monotonia.

   Também não podemos esquecer de estimular os presentes a fazer um estudo mais aprofundado sobre o tema e, para isso, ressaltar as obras utilizadas, que serão apresentadas como referências no último slide da apresentação.

   Importante reforçar que devemos saber o momento de encerrar a apresentação, não só pelo tempo transcorrido, mas principalmente porque o assunto já foi apresentado e, portanto, se esgotou. Perder o ponto de encerramento significa que o apresentador fica dando voltas como quem perdeu a saída (de novo monotonia).

   Após um bom desenvolvimento, o público espera um remate feliz do tema, na forma de:

- um apelo à ação
- um agradecimento sincero
- uma imagem agradável
- uma frase de efeito

As últimas considerações do apresentador devem ficar ecoando nos ouvidos dos presentes, reforçando a mensagem (ainda que algumas vezes encontremos direções de trabalho que, após o apresentador concluir, resolvem sintetizar e "passar a limpo" a apresentação, como se o expositor tivesse sido incapaz de apresentar o tema). De novo monotonia, enquanto "além" é trocado por "porém".

Sem um encerramento definido e marcante, o apresentador "mata" sua exposição e o público fica "perdido" sem entender que a exposiçãoterminou.

A boa apresentação é como uma boa refeição: alimento bom, quantidade certa e, ao término, fica um gosto de "quero mais".

17

A FORÇA DO POWERPOINT®

Dois elementos hão de concorrer para o progresso do espiritismo: o estabelecimento teórico da doutrina e os meios de a popularizar.
(KARDEC, Allan. *Obras Póstumas*. Projeto 1868.)

NUMA ÉPOCA EM que as novas gerações estão perfeitamente familiarizadas com o computador, este capítulo é dedicado a todos que veem as tecnologias da informação com ressalva e receio.

As vantagens do uso do computador e, em especial, do aplicativo PowerPoint® para elaborar e para apresentar uma exposição, são tão óbvias que não há muito o que explicar; basta ver a quantidade de instituições espíritas e de outras designações, que já aderiram ao uso de um projetor multimídia, não por modismo, mas pela facilidade que ele traz nas exposições, para quem apresenta e, **principalmente**, para quem assiste.

Porém, durante a realização de Oficinas para Formação de Expositores Espíritas, tenho encontrado **pessoas que insistem em explicar quando poderiam mostrar**, provavelmente em razão do receio de não saber usar esse recurso. Como profissional da área da Computação há mais de trinta anos, posso garantir com total segurança que não é um aprendizado mais difícil do que aprender a usar um smartphone (Whatsapp, Facebook etc.).

Basta apenas o desejo e a perseverança para dominar essa tecnologia e usar um programa de computador para fazer apresentações. Já a projeção dos slides (apresentação da exposição) é tão simples como pesquisar no Google ou postar no Facebook ou enviar mensagem no WhatsApp (agora eu toquei no ponto, certo?).

A ênfase que damos às novas tecnologias também se justifica porque, cada vez mais, os jovens nativos digitais serão parcela significativa da assistência da casa espírita, chegando a um tempo onde serão maioria absoluta. Esses jovens, acostumados ao uso dessas tecnologias na educação e entretenimento, certamente terão preferência pelo seu uso, tanto na condição de expositores como plateia e é essa a formação que entendemos seja mais adequada, para o presente e para o futuro dos novos expositores espíritas.

Além disso, pensando na divulgação da doutrina, o uso de recursos computacionais como e-books e redes sociais é um canal que não podemos desprezar. Na revista *O Reformador* de setembro de 2014, a FEB traz o seguinte chamamento para o uso dessas tecnologias a favor da difusão da doutrina espírita:

> É preciso inovar, rever conceitos e ver a realidade tecnológica que bate às portas de um público de mais de 136 milhões de computadores em uso no Brasil, em uma proporção de dois computadores para três habitantes com a expectativa de que em 2016 atinjamos a marca de um computador por habitante. [1]

Não basta termos uma boa ideia sobre um excelente tema para exposição e um farto material de pesquisa. Isso não é nada se não soubermos transformar essas ideias numa apresentação didática e atrativa, de forma a facilitar o processo de difusão desses conceitos.

Em relação a uma exposição multimídica[18] lembremos que o adágio "uma imagem vale por mil palavras" pode ser perfeitamente substituído por "**ao invés de explicar, mostre!** ".

Segundo Wong[2], bibliotecas das principais universidades do mundo todo já disponibilizam material didático na forma de apresentações com slides de texto e recursos multimidiáticos, num processo de formação de seus Centros de Mídia Educacional. Experiências recentes demonstram que quando existe conteúdo em formato tradicional (descrição linear, livros e textos sem ilustração) e também digital no formato de apresentações, os alunos preferem essa última forma,

---

18 **Multimídica:** Sistema que combina som, imagens estáticas, animação, vídeo e textos, com funções educativas ou de entretenimento.

ocorrendo inclusive o aumento de consultas nesse tipo de acervo.

A partir de estudos recentes nos campos da neurociência, psicologia e educação, em especial nas subáreas das teorias cognitivas da aprendizagem multimidiática e da aprendizagem ativa, pode-se perceber que o aplicativo denominado Powerpoint® e similares[19], constituem-se numa importante ferramenta para auxílio ao processo de aprendizagem, quando utilizada de forma correta, o que pressupõe, segundo Horvath[3], a utilização de três princípios chaves, como apresentamos a seguir:

1º **Princípio Chave de Horvath - Princípio da redundância**

Esse princípio enuncia que uma apresentação feita simultaneamente na forma falada (auditiva) e textual (texto projetado) é mais efetiva para a aprendizagem. No início das pesquisas da aprendizagem multimidiática pensava-se que esse aumento de estímulos cognitivos gerava uma sobrecarga e, em consequência, dificultava a aprendizagem (o que realmente ocorre quando, por equívoco do apresentador, o mesmo texto falado é projetado para leitura simultânea ou mesmo quando não existe relação entre os dois estímulos). Quando lemos um texto, mesmo que de forma silenciosa, é normal ouvir uma espécie de "voz interna" pronunciando cada palavra, o que estimula a região

19 *OpenOffice Impress*® que é um software gratuito (*open-source*) ou **Google Slides** para Android ou iOS (sistemas operacionais para tabletes).

do cérebro chamada de córtex auditivo, que cuidará da percepção e compreensão do discurso verbal.

Quando visualizamos o texto e imagens relativas ao texto, ocorre estímulo nas áreas do córtex visual primário e giro fusiforme, que são responsáveis pela interpretação dos estímulos visuais.

Porém, quando o texto é falado e apresentado de forma visual, se o expositor souber sincronizar esses dois estímulos, de forma a que um seja reforço do outro, a atenção sobre o conteúdo e, por conseguinte, sua aprendizagem é facilitada.

Atualmente existe um grande número de pesquisas que demonstram que a atenção na fala de um expositor, reforçada por projeção de trechos mais significativos do texto falado ou mesmo imagens relativas ao texto, cria um aumento de atividade cerebral na região dorsal esquerda do giro frontal (compreensão da linguagem) e essa atividade resulta em aumento de retenção das informações apresentadas (Horvath 2014[3]; Kalyuga, 2011[4]; Sweller *et.al.* 2011[5]; Hallet e Faria, 2006[6]).

Cabe ao expositor sincronizar o tempo de sua fala e o tempo da apresentação visual, de forma a que a atenção não fique comprometida por uma demanda de recursos cognitivos visuais e auditivos.

O primeiro cuidado é que o texto falado não seja o mesmo que será projetado. Este último deve ser composto de pequenos períodos onde o conceito é resumido e as palavras-chave são destacadas. Dessa forma, o texto projetado será um resumo da fala do expositor.

Além disso é preciso dar o tempo certo para que os presentes possam ler e processar (cognição) as informações do slide apresentado. Para isso, a apresentação com animação, onde o slide é revelado tópico por tópico e à medida em que estão sendo apresentados, mantém a atenção do espectador (os tópicos anteriores ele já leu, ouviu e processou e pode-se inclusive trocar sua cor um cinza claro; os tópicos seguintes ainda estão ocultos, portanto não aparecem no slide e não dividem a atenção da assistência).

Dessa forma, a concorrência entre a fala do expositor e a imagem do slide, não implica em sobrecarga cognitiva. Ao contrário, a imagem age como um poderoso reforço no processamento do conteúdo da audição e o texto projetado serve como reforço para a compreensão da fala do expositor.

Na Teoria Cognitiva da Aprendizagem Multimídia de Richard E. Mayer [7], ele denomina esse fator como **Princípio Multimídia**.

Ainda em relação ao reconhecimento da palavra, hoje sabemos que sua decodificação ocorre por duas vias neuronais diferentes, sendo que uma delas utiliza a forma gráfica e, por essa razão é chamada de reconhecimento grafo-fonológico (ocorre nas regiões frontal e temporo-parietal) e a segunda forma é a fusão do som e da imagem ou forma visual da palavra (ocorre na junção occipito-parietal). [8]

2º Princípio Chave de Horvath – Princípio da modalidade

Esse princípio, que é muito semelhante ao anterior, sugere que a aprendizagem melhora (percepção e vinculação do conteúdo) quando usamos duas (ou mais) modalidades diferentes de mensagem (diferentes canais de mídia) perceptíveis aos sentidos. Por exemplo, quando o conteúdo é exposto por meio da fala e de imagens relacionadas ao conteúdo (fotos ou vídeo). Myers[7] também denomina esse fator como **Princípio de modalidade.**

3º **Princípio Chave de Horvath - Princípio da sinalização**

Este princípio sugere que a aprendizagem pode melhorar quando apresentamos pistas (sinais) na apresentação, como uma forma de chamar a atenção para esse conteúdo como, por exemplo, destacar no texto informações relevantes ou essenciais.

Essa sinalização pode ser feita de forma espacial ou visual, com o aumento do tamanho da fonte, a cor do texto, o destaque no *layout* do slide, o acréscimo de imagem relevante que traduz o significado do conceito que se quer destacar.

Alguns autores asseveram que o nome comercial "PowerPoint" (software de apresentação da Microsoft) deriva da importância de poder sinalizar (apontar) pontos importantes no conteúdo que está sendo apresentado.

Segundo Moran, Masetto e Behrens [9] a construção do conhecimento na sociedade da informação não é feito de forma fragmentada, mas mostrando a interdependência e formas sensoriais, uma vez que, neste novo tempo "conhecer significa compreender todas as dimensões da realidade...". É esse o perfil cognitivo dos jovens que são nativos digitais, ou seja, ao nascerem já encontraram computadores, tabletes, videogames e smartphones. Os autores seguem alertando para o fato de que atualmente, cada vez mais processamos também a informação na forma multimidiática e não somente na forma hipertextual ou sequencial (a forma mais antiga).

Dessa forma os autores supracitados ressaltam que reforçar a comunicação sensorial e auditiva força a compreensão a se iniciar pelo sensorial, depois o emocional e intuitivo e, por último o racional. Essa é a linguagem do cinema, da televisão, dos vídeos etc., que, em geral, estabelecem uma comunicação prazerosa com as pessoas.

Apesar das vantagens comprovadas, o uso de material audiovisual na elaboração e na apresentação não é tão óbvio como parece, o que abre espaço para equívocos que se repetem e que se constituem empecilhos para a aprendizagem e para uma apresentação bem-sucedida. Por exemplo, a simples leitura do texto apresentado no slide não oferece uma dupla modalidade.

Ao contrário, essa técnica de ficar lendo os slides (muitas vezes de costa para o público), além de criar um ambiente monótono e cansativo, divide a atenção (*splitting*[20]) e sobrecarrega as áreas cerebrais encarregadas da cognição (*loading*[21]), sem que exista uma

---

20 *SPLITTING* ou *EFEITO DA ATENÇÃO DIVIDIDA* é o aumento na carga cognitiva irrelevante que ocorre quando o estudante tem de integrar duas ou mais partes da mesma informação que estão fisicamente separadas (não são complementares, afins).

21 *LOADING* ou TEORIA DE CARGA COGNITIVA refere-se a diretrizes sobre como utilizar melhor a capacidade limite da memória de trabalho.

segunda mensagem significativa para reforço do conteúdo transmitido. A exceção nesse caso, é quando o slide apresenta uma citação importante (é o único texto do slide) e, pela sua importância para o entendimento do tema, esse texto deve ser lido em voz alta para os presentes.

O uso abusivo da prática de ler slides denota que o apresentador não está usando o recurso multimídia como reforço e facilitador da aprendizagem, mas meramente como uma **cola do texto** que ele (apresentador) deveria saber. Quando o expositor faz os slides com intenção de servir de cola, ao invés de colocar apenas tópicos e assinalar os textos que deve receber atenção, os slides conterão grandes blocos de textos (quase a fala do expositor na íntegra), o que gera poluição visual dificultando a leitura e anulando o efeito do assinalamento dos trechos importantes. O papel do expositor é explicar, expor e completar o texto por meio da fala; nunca ler slides para uma plateia alfabetizada.

Da mesma forma, a apresentação de imagens que guardam fraca (ou nenhuma) correlação com o conteúdo transmitido, não caracteriza reforço cognitivo. Ao contrário, desperta a atenção de quem está assistindo, para tentar descobrir qual seria a relação oculta que ele não consegue perceber ou "o que o expositor quer dizer com essa imagem". Por exemplo, a cena do campo com uma linda árvore, usada como fundo enquanto o expositor explica o conceito de "vida na matéria" serve apenas para distrair os presentes, que passam a recordar lugares ou tentar descobrir o que a cena tem a ver com as vicissitudes da vida na matéria.

O mesmo se pode dizer da inclusão de vídeos na apresentação, quando estão deslocados do tema ou até do excesso de vídeos "só porque eles são bonitinhos" mas, em geral, quase todos os presentes já os assistiram na internet.

[1] A tecnologia da Informação e a divulgação Espírita. *Revista Reformador,* Ano 132, No. 2226, setembro de 2014.

[2] WONG, Shun Han Rebekah. *Incorporating audio-visual materials in university teaching:* Results of a faculty survey and corresponding actions of the Library. New Review of Academic Librarianship. Revista on-line da Taylor & Francis Group. Volume 15, 2009, pp. 35-52.

[3] HORVATH, Jared Cooney. *The neuroscience of PowerPoint™:* mind, brain and education. Revista InternationalMind, Brain, and Education. Society and Wiley Periodicals, Inc., No. 3, Vol. 8, 2014, pp. 137-143.

[4] KALYUGA, SLAVA. *Informing*: a cognitive load perspective. The International Journal of an Emerging Transdiscipline. Vol. 14. 2011. pp 33-45.

[5] SWELLER, John; AYRES, Paul; KALYUGA, Slava. *Cognitive Load Theory:* Explorations in the Learning Science, Instructional Systems and Performance Technologies. 1.ed. New York-USA: Springer Verlag NY, 2011. pp. 141–154.

[6] HALLETT, T. L.; FARIA, G. *Teaching with multimedia:* do bells and whistles help students learn? Journal of Technology in Human Services, No. 24, 2006. pp. 167–179.

[7] MAYER, Richard E. *Multimedia Learning*. 1 ed. New York-USA-Cambridge University Press, 2001.

[8] COSENZA, R. M.; GUERRA, L. B. *Neurociência e educação:* como o cérebro aprende. Porto Alegre: Artmed, 2011. p.141

[9] MORAN, J. M.; MASETTO, M. T.; BEHRENS, M. A. *Novas tecnologias e mediação pedagógica.* 2. ed. Campinas: Papirus, 2000. p. 18, 39.

18

LAYOUT, CORES, ESTÉTICA E OUTRAS QUESTÕES VISUAIS

> *Ânimo, trabalhadores! Tomai dos vossos arados e das vossas charruas; lavrai os vossos corações; arrancai deles a cizânia; semeai a boa semente que o Senhor vos confia e o orvalho do amor lhe fará produzir frutos de caridade.*
>
> **(KARDEC, Allan. *O Evangelho segundo o Espiritismo*. Cap. XXVIII.)**

SE A FORMA multimídica corretamente aplicada amplifica o entendimento, falhas de estética, *layout* e cores também são ampliadas com esses recursos, causando uma dificuldade de assimilação (refletir sobre defeitos e equívocos passa a ser mais atrativo do que refletir sobre o conteúdo apresentado).

Portanto, o uso eficiente de recursos multimídicos pede um investimento de tempo no aprendizado de aspectos que podem não ser intuitivos para todos como, por exemplo, o uso harmônico das cores.

A seguir apresentamos algumas regras práticas para melhorar os aspectos mais críticos de uma apresentação audiovisual, que são: **tipo de fonte, tamanho de fonte, *layout* dos slides** e **uso das cores**, aspectos conhecidos genericamente como "tipografia", que compreende uma forma visual para gerar identidade entre o conteúdo (tema) e a forma adequada, para atender aspectos de harmonia e satisfação estética, quando atendem regras implícitas na forma com que o cérebro processa imagens buscando dar-lhes significado.

1. ESCOLHA DO TIPO DE FONTE

O principal fator que contribui para esse aspecto é a correta escolha dos tipos de fontes utilizados nos slides, seu tamanho (corpo) e a correta aplicação de recursos como negrito, sublinhado, maiúsculo e minúsculo (caixa alta e caixa baixa).

A primeira preocupação na escolha da fonte é sua legibilidade, uma vez que esse fator varia conforme o tipo de fonte escolhido. Fontes mais estilizadas são adequadas para representar épocas e estilos (*Gothic* ou *Script*) ou temas e culturas (*Algerian, Mongolian*), mas devem ser usadas com muito cuidado, porque ao mesmo tempo que acrescentam um elemento de efeito, dificultam a leitura, especialmente sob determinadas circunstâncias como, por exemplo, tamanho insuficiente, excesso de luz na sala, projetor de baixa capacidade (lumens) ou com a lâmpada de projeção no final de sua vida útil.

Até mesmo a existência de prolongamentos no final das hastes das letras (serifa) pode dificultar a legibilidade do texto. Diferente do que ocorre num texto impresso onde fontes serifadas são preferidas, na projeção do texto ou sua visualização na tela do computador ou ainda na tipografia para web, as fontes sem serifa têm mais legibilidade. Algumas dessas fontes são: Arial, Calibri, Helvética e Verdana.

Outra questão de tipografia é o alinhamento do texto, que pode ser feito pela direita, pelo centro, pela esquerda e por ambas as margens, que se chama "justificado".

Como um leitor proficiente faz uma leitura rápida, também chamada de leitura automática (portanto não decifratória ou ideogrâmica, o visual em ambas as bordas (justificado) ajuda reconhecer a linha que estamos lendo e acelera a leitura.

Os demais alinhamentos (de um só lado ou centralizado), acrescentam um efeito visual, mas não ajudam na rapidez da leitura.

A mesma dificuldade ocorre quando usamos em excesso as palavras escritas com todas as letras em maiúsculo (caixa alta), em negrito (*bold*) ou mesmo inclinadas (*itálico*). O perfil da palavra, que é utilizado na leitura rápida (*browsing*), fica mais difícil quando ela aparece dentro desses blocos maciços de texto, com todas as palavras em maiúsculo (caixa alta).

A leitura de pessoas que têm esse hábito bem desenvolvido, é feita, inicialmente, pela rápida visão do perfil da palavra (ideogrâmica ou visual) e, só se necessário, pela leitura das letras que compõem a palavra. É graças à leitura ideogrâmica ou visual, facilitada pelo perfil da palavra, que conseguimos interpretar aqueles textos estranhos em que as palavras são compostas por letras repetidas e números, mas onde se preserva a letra inicial, a letra final e o perfil do bloco da palavra:

> **Nõa imortpa a oderm das ltreas drtneo de uma pvarala, bsata que a pmrireia e a úmtila etjasem no lguar crteo praa que vcoê enednta tduo.**

2. ESCOLHA DO TAMANHO DA FONTE

A escolha do tamanho correto da fonte (corpo da fonte) a ser utilizada deve levar em conta, primeiramente, a legibilidade do slide projetado.

Como a distância entre o projetor e a tela varia em cada instituição e, como a pessoa que irá ler os slides pode se sentar na primeira ou na última fileira de cadeiras, deve se colocar o texto num tamanho mínimo adequado para as diversas situações.

Ao escolhermos, por exemplo, uma fonte ARIAL de corpo 28 para o texto dos slides, teremos uma apresentação adequada para a grande maioria de situações. Nesse caso, poderemos usar corpo 26 para o título dos slides (permitirá títulos maiores em uma única linha) e corpo 24 para referências e notas.

Uma vez que conseguir ler os slides de maneira confortável é um aspecto fundamental para a satisfação de quem assiste uma boa apresentação, vamos sugerir que o leitor invista um pouco de tempo fazendo teste com diferentes tipos de fonte e tamanho. É possível obter melhor legibilidade de um texto com fonte ARIAL corpo 12 do que o mesmo texto escrito em Times New Roman corpo 13 (sugerimos experimentar).

Para concluir queremos enfatizar que uma exposição com excelente conteúdo, pode se transformar em motivo de frustração para os presentes, quando não se consegue ler os slides projetados e, muitas vezes, a razão é o tamanho da fonte utilizada. Um texto fora do tamanho adequado, tira o foco da atenção do conteúdo para a atividade de adivinhar o que está escrito no slide.

3. CONSTRUÇÃO DO *LAYOUT*

Na área gráfica, *layout* significa a distribuição do texto, imagens e espaços no slide. Podemos dizer que o resultado visual final da estética e simetria depende fortemente do *layout* usado nos slides. Um slide com um *layout* correto fica elegante e agradável de se ver, como quando vemos algo belo e estético. Um slide com um *layout* incorreto dificulta a visualização das informações, o que pode acabar numa forma de desatenção pelo conteúdo da exposição.

Mesmo não tendo formação artística, nosso cérebro segue, naturalmente, princípios de semiótica e ergonomia da informação, que facilitam ou dificultam a compreensão da mensagem que se quer passar no slide (ou na tela de um programa de computador[22], de uma cena de novela ou de um filme).

Um exercício bastante interessante é vermos obras de grandes mestres da pintura e analisarmos o esque-

---

22 Disciplina denominada **Interação humano-computador** ou Interface humano-computador.

ma visual (*layout*) usado para dispor as imagens na tela como, por exemplo, a perspectiva e distribuição das massas (figuras) utilizada no quadro da "Última Ceia" ou da "Adoração dos Magos", ambos de Leonardo da Vinci.

Esse mesmo cuidado estético pode ser observado numa tela de um bom programa de computador como, por exemplo, os sistemas operacionais da Apple® (MacOS ou iOS).

Algumas regras básicas podem nos ajudar como, por exemplo:

1. O uso de espaço para separação de textos e de elementos gráficos melhora a legibilidade e a estética. O uso generoso de espaço é fundamental para melhorar o reconhecimento dos elementos visuais utilizados no slide.
2. Uma regra prática útil é que textos e imagens devem ocupar metade da área do slide ou, no máximo, dois terços da área total.
3. A forma de distribuirmos os elementos e deixarmos os espaços entre eles servirá para guiar os olhos do nosso público no melhor caminho, para a ordem e percepção dos elementos do slide.
4. Quando um slide tiver muito conteúdo, ele deve ser dividido em vários slides, sem a preocupação de que a quantidade de slides afete o tempo total da apresentação.

   As explicações sobre as imagens contidas em um slide e sobre as mesmas imagens divididas em três slides, gastarão o mesmo tempo, porém com sensível ganho de legibilidade.

Não existe um "número mágico" que defina a quantidade de slides a ser empregado. O melhor é fazer uma apresentação simulada (vide capítulo 20) e determinar se a quantidade de slides preparados está compatível com o tempo disponível para a apresentação.

Da mesma forma, apresentar apenas seis slides e falar 10 minutos em cima de cada slide também gera cansaço e inutiliza o efeito da dupla modalidade (vide capítulo anterior).

5. Ainda sobre espaços, convém deixar uma margem vazia nas quatro bordas de um slide. Textos muitos perto da borda poderão ser cortados (ficar fora da tela) em razão do alinhamento do projetor em relação à tela.

4. USO DAS CORES

Dos aspectos apresentados neste capítulo, a correta utilização das cores é o que apresenta maior dificuldade para pessoas com pouco senso estético para cores. Nesse caso, não é raro vermos que as cores escolhidas não se harmonizam ou cores puras e fortes carregam demais o aspecto visual do slide, e o resultado final não é atraente.

Para resolver esse problema, podemos recorrer a dois artifícios: o uso do conhecimento sobre a teoria das cores (círculo das cores) e o uso de sites que apresentam diferentes combinações adequadas.

O círculo das cores é uma imagem que apresenta as **cores primárias** (vermelho, azul e amarelo), as **cores secundárias** (combinação de duas cores primárias – combinação de vermelho e amarelo para produzir cor laranja) e as **cores terciárias** (combinação de uma cor primária e uma ou mais cores secundárias - vermelho mais laranja para produzir vermelho-alaranjado).

A partir do círculo das cores podemos encontrar as chamadas **cores análogas ou consonantes** e as **cores complementares ou dissonantes**.

Cores consonantes (ou análogas) são grupos de tons que **aparecem lado a lado (contíguas)** no círculo das cores. Em razão de sua proximidade tonal, a combinação dessas cores expressa equilíbrio e elegância. Por exemplo, laranja, amarelo alaranjado e vermelho alaranjado.

Todavia, em certas situações queremos expressar uma situação de oposição, de choque, ou chamar atenção para um detalhe do texto. Nesse caso devemos usar cores dissonantes (ou complementares), que criam contrastes fortes e **aparecem em oposição** no círculo das cores (por exemplo, vermelho e verde).

Outra forma de usar cores de maneira harmônica é escolher um tom predominante (por exemplo, o azul) e variar sua intensidade dosando-se progressivas quantidades de branco ou preto à essa cor base. Podemos usar uma combinação dessa gradação de tons para a cor do fundo do slide, outra para a cor do texto normal e uma terceira para a cor do texto que se quer enfatizar, com três diferentes tonalidades de azul.

A segunda dica é utilizar-se de sites que apresentam o círculo das cores e uma grande variedade de esquemas de cores.

O site **Adobe Color CC** [1] pertencente à Adobe (uma famosa empresa desenvolvedora de softwares gráficos), apresenta o círculo das cores e, com o uso do mouse, podemos escolher regiões tonais. O site conta ainda com a opção de escolha de regras para a combinação das cores (análogas, complementares, monocromáticas, tríade, composta, sombra e personalizada).

Com as mesmas funcionalidades, porém apresentadas de forma diferente, temos o site **Paletton**[2]. Uma interessante aplicação é clicar na opção "randomize" e o site escolhe aleatoriamente um esquema de cores.

[1] Adobe Color CC. Disponível em < https://color.adobe.com/pt/create/color-wheel/ >. Aceso em 30 jun. 2017.

[2] Paletton. Disponível em <http://www.paletton.com>. Acesso em 30 jun. 2017.

SEQUÊNCIA DO TRABALHO:

1. Escolher o tema.
2. Escolher o título provisório.
3. Opcionalmente, preencher o plano de trabalho.
4. Pesquisar conteúdos sobre o tema.
    a. Em formato papel ou, preferencialmente, digital (e-book ou internet).
    b. Encontrar os trechos significativos para o tema/abordagem.
    c. Copiá-los para o texto da apresentação.
5. Trabalhar o texto da apresentação, observando os seguintes detalhes:
    a. Buscar a melhor ordem para apresentar as ideias.

b. Excluir ideias repetidas ou que não sejam prioritárias para o entendimento do tema.
c. Reescrever as frases, resumir, suprimir e, se necessário, alterar a ordem dos parágrafos.
d. Detalhar melhor os conceitos fundamentais ou de difícil entendimento.
e. Acrescentar o texto necessário para unir as ideias apresentadas, dando uma continuidade e unidade à apresentação como um todo.
f. Incluir as referências correspondentes às citações usadas.

6. Trabalhar aspectos de estética
   a. Escolher a fonte e respectivos tamanhos.
   b. Definir ou refinar o *layout* dos slides.
   c. Escolher e aplicar cores usando combinações estéticas.

19

MAIS UM POUCO SOBRE PROJETO VISUAL

Ninguém vai a um templo doutrinário para dar, primeiramente. Todos nós aí comparecemos, antes de tudo, para receber, sejam quais forem as circunstâncias.

(SCHUTEL, Cairbar. *O Espírito da Verdade.* 36 – O filho do orgulho.)

COMO VIMOS NO capítulo anterior, uma apresentação com legibilidade, esteticamente agradável e com características adequadas para o processo de aprendizagem, deve atender a diversos aspectos didáticos e também visuais.

Todavia ainda existem outros fatores que contribuem de maneira significativa para a produção de um bom resultado final e, neste capítulo vamos fazer uma rápida abordagem sobre alguns deles.

1. Consistência

Chama-se consistência a existência de um padrão persistente em todos os slides (o mesmo princípio se aplica às diversas telas de um programa; por exemplo, a forma de fechar uma tela é a mesma em todos os programas da Microsoft - janela com um "X" no canto superior direito). A existência de um padrão, depois de reconhecido ou informado, acelera o uso e a percepção dos conteúdos.

Aplica-se a consistência principalmente em relação ao tipo de fonte escolhida, não misturando diversos tipos de fonte na apresentação. O mesmo vale para o tamanho usado nos cabeçalhos e nos textos normais, a cor do texto e a cor do fundo dos slides e o *layout* usado nos slides.

Uma vez que o padrão é apreendido, uma quebra proposital desse padrão serve para chamar a atenção. Por exemplo, podemos escolher mudar a cor de fundo do slide usado para separar tópicos dentro da apresentação, ou então usar como separador um slide com uma imagem e o título do novo tópico.

Uma forma prática de estabelecermos um padrão que será automaticamente usado em todo novo slide inserido, é definir esses padrões no chamado "**Slide Mestre**" (menu "Exibição", opção "Slide Mestre"). Nele podemos definir o formato do cabeçalho, a numeração de slides, o esquema de cores ou imagem de fundo. Atenção: Esse padrão só será usado nos slides incluídos após essa formatação (os slides antigos não serão automaticamente convertidos para o padrão), razão pela qual essa formatação deve ser feita antes de iniciarmos a inserção dos slides da apresentação.

2. Animação

Animação é um recurso que permite criar efeitos visuais no slide, como fazer blocos de texto ou imagens aparecerem à medida que falamos. Esse recurso permite dirigir a atenção da plateia fazendo-os acompanharem a sequência do expositor e não ficar lendo à frente do conteúdo apresentado.

Existem muitos efeitos para entrada, ênfase, movimento e saída de elementos do slide e diversos elementos podem ser animados no mesmo slide.

Como todo excesso é prejudicial, o uso do destaque também o é. Quando tudo está em destaque, equivale dizer que nada está destacado ou, por outro lado, use o recurso de animação (e outras formas de destaque) sem exageros.

Muita animação vai competir com a atenção sobre os conteúdos, além do que gastam algum tempo e dificultam quando precisamos acelerar um pouco a apresentação. Por essa linha de raciocínio e, respeitando outras opiniões, desaconselhamos completamente o uso de programas que aplicam automaticamente animação em toda a apresentação. Nesse caso a apresentação ficará parecendo um filme de animação. O conteúdo passa a ter interesse secundário e a animação é o destaque.

Uma forma de utilização correta e eficiente da animação é quando queremos que os presentes sigam nossa explicação, não lendo os demais tópicos à nossa frente, mas acompanhando-nos tópico a tópico. Nesse caso, ao projetarmos o novo slide aparecerá apenas o primeiro tópico. Uma vez que a plateia teve tempo para ler esse texto, fazemos as considerações (e nesse momento, supostamente a plateia está focada em nossa explicação). Encerrada nossa exposição, com um clique do mouse ou ponteiro, comandamos o aparecimento do segundo tópico e assim sucessivamente.

Outro recurso, para um momento em que não queremos a atenção dividida com o projetor é escurecer a projeção (como se estivéssemos desligando o projetor), mas obtido com o comando "E" (de escurecer) no teclado do computador ou numa tecla do ponteiro. Para voltar a projeção o comando é "C" (de clarear) (ou uma tecla do ponteiro).

3. Hiperlink

É possível pularmos de um slide para qualquer outro dentro da apresentação, utilizando-se o recurso de **hiperlink.** Para isso basta marcar o texto ou imagem que usaremos como link, clicar o botão direito do mouse e escolher a opção **hiperlink.**

Então poderemos inserir o endereço do slide que queremos que apareça na apresentação. Esse recurso também permite fazer hiperlink com outra apresentação, com um vídeo, uma música e até uma página da web (desde que, no local da apresentação tenhamos acesso a rede).

Outra aplicação interessante é ter um tema dividido em pequenas apresentações, que poderemos usar na ordem desejada e, apenas se necessário. Por exemplo, ao falarmos de Energia Vital, poderemos necessitar dar mais informações sobre o que é energia. Esse subtópico é um pequeno conjunto de slides colocados após o final da apresentação, de forma a ser exibido apenas se for necessário. No último slide desse conjunto colocaremos outro hyperlink para voltar ao slide de onde saímos. Se num determinado público ou em razão do tempo, não quisermos projetar os slides sobre energia, basta ignorar o hiperlink e seguir a apresentação. O que não devemos fazer é pular rapidamente os slides dizendo que não será possível explicar, em razão do tempo exíguo.

4. Tratamento de imagens

O uso de imagens quase sempre requer um tratamento gráfico para aumentar ou diminuir seu tamanho, reforçar o brilho ou o contraste, cortar partes desnecessárias, criar fundo transparente, girar ou inverter a imagem dentre outros.

Pois bem, apesar da quantidade de aplicativos gráficos dedicados ao tratamento de imagem, o PowerPoint® tem todos esses recursos, dispensando o uso de softwares mais sofisticados, para adequar uma imagem a ser usada na apresentação.

Marcando uma imagem, aparecerá automaticamente um menu intitulado "**Formatar Imagem**", onde encontraremos recursos como corrigir cor, aplicar filtros, remover fundo, cortar e outros recursos.

Desculpamo-nos por não oferecer mais informações sobre o uso do PowerPoint® na edição de imagens, mas esse tipo de treinamento foge do escopo deste livro. Todavia, existe muito material de boa qualidade, disponível gratuitamente na internet. Basta investir algum tempo para conhecer melhor os recursos desse programa.

Como o uso de recursos gráficos e visuais é muito lúdico e prazeroso, cabe alertar para seu uso em excesso.

A esse respeito, não crie slides que, apesar de lindos são abstratos e guardam pouca relação com o tema ou imagens abstratas que precisem de explicação ou remetam os presentes para outras reflexões que não aquela sobre o conteúdo apresentado (relembre o conceito de *splitting* apresentado no capítulo 17).

20

A PRÁTICA LEVA À PERFEIÇÃO

Não vos ensoberbais do que sabeis, porquanto esse saber tem limites muito estreitos no mundo em que habitais.[...] A inteligência é rica de méritos para o futuro, mas, sob a condição de ser bem empregada. Se todos os homens que a possuem dela se servissem de conformidade com a vontade de Deus, fácil seria, para os espíritos, a tarefa de fazer que a Humanidade avance.

(KARDEC, Allan. *O Evangelho segundo o Espiritismo*. Cap. 7.)

A PREPARAÇÃO DA exposição não se encerra quando ela está redigida e os slides montados. Só aí estaremos prontos para realizar a última etapa antes da exposição na casa espírita. Essa etapa consiste em:

a. Fazer uma revisão dos slides.
b. Simular uma apresentação para determinar se a quantidade de slides (e correspondentes explicações) é compatível com o tempo determinado.
c. Se a apresentação exceder o tempo, excluir slides menos importantes.
d. Treinar a apresentação tantas vezes quantas necessárias, até se sentir confiante e pronto para a apresentação.

A seguir vamos detalhar cada uma dessas atividades.

a. Fazer uma revisão dos slides

A revisão é feita por meio de uma leitura atenta buscando erros de grafia, identificar repetição de ideias já expostas ou abordagem de aspectos fora do tema, além de, eventualmente, melhorar a ordem de apresentação dos conceitos, dentre outros aspectos.

Uma excelente ajuda, quando ainda não temos experiência em compor exposições, é pedir para que outra pessoa faça uma revisão dos slides. Às vezes estamos tão acostumados com a ideia, que não percebemos quando uma redação não está clara ou quando perdemos a continuidade da ideia ao passarmos de um slide para outro ou de um tópico para outro. Se esse leitor privilegiado for uma pessoa acostumada com o tema ou fazer apresentações ou ministrar aulas, tanto melhor.

Não se surpreenda se encontrar mais falhas numa segunda ou terceira revisão. Como a ideia toda está em nosso cérebro, eventuais lacunas de significado não são percebidas de imediato, uma vez que o cérebro se encarrega de dar significado ao texto.

Em relação à questão de grafia, uma boa prática é ativar o corretor ortográfico do programa editor de texto (em geral todos têm) e, sempre que aparecer uma palavra destacada com um sublinhado, colocar o cursor sobre a palavra e apertar o botão direito do mouse para que o programa apresente sugestões para correção da palavra supostamente errada (atenção: o corretor não acerta sempre).

b. Simular uma apresentação para determinar se a quantidade de slides e correspondentes explicações não excede o tempo limite

Quase sempre acabamos preparando mais texto e slides do que é possível abordar no tempo definido para a exposição, quer seja pela vontade de esgotar o assunto, quer pelo receio de que o material preparado se esgote antes do tempo definido para a exposição.

A melhor solução para conferir a quantidade de material em relação ao tempo determinado é fazer uma simulação da apresentação, projetando os slides e falando os comentários referentes a cada slide enquanto cronometramos o tempo total.

O tempo total é função da quantidade de slides, mas principalmente do tempo utilizado nos comentários. Assim, antes de excluir slides para diminuir o tempo da apresentação, devemos analisar se os comentários não estão muito extensos.

A simulação da apresentação com comentários, deve ser feita em voz alta (não apenas pensar no que vai falar, mas falar efetivamente) e, se possível, na frente de um espelho.

Além de descobrir o tempo total gasto na apresentação, esse tipo de treinamento é útil para:

- Memorizar a sequência dos slides.
- Detectar pontos onde devemos dar ênfase à narração.
- Corrigir posturas corporais.
- Corrigir problemas de dicção.

c. Se a apresentação exceder o tempo

Caso o tempo apurado na simulação exceda o tempo definido para a apresentação e, se os comentários já foram resumidos, só nos resta a opção de excluir slides.

Uma boa regra para definir o que fica e o que sai é a relevância do assunto contido no slide para a compreensão do tema. É muito comum, no decorrer da pesquisa, agregarmos assuntos que são relacionados com o tema principal, mas não são essenciais para seu entendimento (perda de foco) ou até pior, nada acrescentam ao tema.

Ao simularmos a apresentação, fazendo inclusive as explicações e os comentários, podemos descobrir que a apresentação excede o tempo reservado. Nesse caso temos duas causas: ou tem slides demais ou os comentários são muito extensos.

Mas essa tarefa de cortar excessos parece ao autor da apresentação que está cortando a própria carne; que nada é irrelevante. A seguir apresentaremos uma opção lógica para facilitar essa redução de slides.

Classifique os slides pelo grau de importância e exclua os excedentes na ordem inversa de importância:

1. Imprima a apresentação, diretamente do PowerPoint, no formato "Estrutura de Tópicos" (só o texto dos slides).
2. Com a impressão em mãos, faça uma leitura cuidadosa de cada slide, atribuindo-lhe um grau de importância, de 1 a 3, sendo "1"os slides essenciais, "2" aqueles que complementam as ideias e "3" aqueles que podem ser excluídos sem que a apresentação apresente falhas no entendimento do tema central.
1. Exclua os slides classificados como "3" e se, ainda for necessário excluir mais slides, reclassifique os slides tipo "2" em "2"e "3" e retorne ao item anterior.

Para sabermos se o tamanho da apresentação já está compatível com o tempo designado, temos duas opções: a primeira é fazer novo ensaio cronometrado, o que ajuda no conhecimento da exposição e na autoconfiança, além de ser uma técnica bastante precisa.

Outra opção, com menor precisão, é fazermos algumas deduções baseadas no tempo médio por slide.

1. Primeiro dividimos a quantidade total de slides pelo tempo total cronometrado no ensaio, para sabermos o tempo médio por slide.
2. Em seguida subtraímos do tempo total, o tempo definido para a exposição, para sabermos o tempo excedente.
3. Por último dividimos o tempo excedente pelo tempo por slides e o resultado é a quantidade de slides excedentes.

Observações: O tempo médio pode ser impreciso, levando-se em conta de que temos slides que, pela importância de seu conteúdo, precisarão de maior tempo com explicações.

Ao retirar slides, pode ser necessário reescrever o texto de ligação entre slides ou até alterar a sequência da apresentação.

Mais uma vez enfatizamos que pequenas diferenças de tempo podem ser acertadas resumindo alguns comentários e mantendo-se a mesma quantidade de slides.

Agora você está pronto para sua exposição. Perceba que esse processo de montar uma exposição, com toda responsabilidade e motivação levou dias e até semanas. Perceba também quanto você aprendeu e como sua confiança aumentou consideravelmente. Deve ter sobrado aquele "receio bom", mas a exposição não é mais aquele desafio intransponível.

SEQUÊNCIA DO TRABALHO:

1. Escolher o tema.
2. Escolher o título provisório.
3. Opcionalmente, preencher o Plano de Trabalho.
4. Pesquisar conteúdos sobre o tema:
   a. Em formato papel ou, preferencialmente, digital (e-book ou internet).
   b. Encontrar os trechos significativos para o tema/abordagem.
   c. Copiá-los para o texto da apresentação.
5. Trabalhar o texto da apresentação, observando os seguintes detalhes:

a. Buscar a melhor ordem para apresentar as ideias.
b. Excluir ideias repetidas ou que não sejam prioritárias para o entendimento do tema.
c. Reescrever as frases, resumir, suprimir e, se necessário, alterar a ordem dos parágrafos.
d. Detalhar melhor os conceitos fundamentais ou de difícil entendimento.
e. Acrescentar o texto necessário para unir as ideias apresentadas, dando uma continuidade e unidade à apresentação como um todo.
f. Incluir as referências correspondentes às citações usadas.

6. Trabalhar aspectos visuais:
   a. Escolher a fonte e respectivos tamanhos.
   b. Definir ou refinar o *layout* dos slides.
   c. Escolher e aplicar cores usando combinações estéticas.
7. Revisão e controle do tempo:
   a. Fazer uma revisão de todos os slides.
   b. Realizar um ensaio cronometrado.
   c. Se necessário, excluir slides excedentes.

21

TÉCNICAS DE APRESENTAÇÃO

O orador é responsável pelas imagens mentais que plasma nas mentes que o ouvem.

(VIEIRA, Waldo. *Conduta espírita*. Pelo espírito André Luiz. 14 – Na tribuna.).

O nervoso inicial

Como já citamos, todo expositor que tenha noção do papel da doutrina e de seu próprio papel, ao assumir a função de explanar sobre o Evangelho ou sobre a Terceira Revelação, deverá sentir uma preocupação oriunda da responsabilidade dessa atividade.

Principalmente para os iniciantes, essa responsabilidade pode manifestar-se como uma sudorese, um pigarro na garganta ou a boca seca.

O remédio para esse nervosismo começa muito antes do momento da apresentação. Na verdade, começa quando o expositor faz um bom trabalho de pesquisa, estuda o tema, prepara uma exposição adequada e estuda essa apresentação tantas vezes quantas forem necessárias, para lembrar a sequência dos slides e as respectivas falas.

Essa preparação é o remédio mais eficaz contra aquela sensação de "não vai dar certo".

Agora você está na casa espírita, o computador e projetor já estão prontos e você está aguardando ansiosamente a hora de iniciar sua apresentação. Minha sugestão para conter a ansiedade nesse momento é:

1. Faça um exercício de respiração controlada, inspirando profundamente pelo nariz, segurando a respiração por breves segundos e expirando pela boca. Repita esse processo várias vezes, diminuindo o ritmo da inspiração e expiração ao longo do exercício, de forma a controlar o ritmo cardíaco, oxigenar o cérebro e diminuir a sensação de ansiedade.
2. Enquanto faz esse exercício de respiração, repita mentalmente "Eu sou capaz. Eu estou preparado (a)".
3. Faça uma prece aos seus mentores e àqueles da casa espírita, solicitando proteção e inspiração.

Esse processo traz um estado de tranquilidade e confiança e, após alguns minutos do início da exposição, o nervoso será totalmente superado, a concentração no desenvolvimento da exposição assumirá nossos pensamentos e quando percebermos, a exposição foi realizada com sucesso.

Agora vamos abordar alguns aspectos técnicos da apresentação.

1. Características da fala

Nossa fala (exposição) sobre o tema requer artifícios para embelezar e chamar atenção, tal qual fizemos com os slides, e isso é possível com técnicas de emissão da voz. Uma fala monocórdica (num único tom, enfadonha, monótona) não desperta a atenção da plateia; ao contrário, leva-a a um estado de torpor, sonolência e cansaço.

As variações impressas na fala, de acordo com o momento da apresentação, criam um clima dinâmico que ajuda na atenção dos presentes. Para isso podemos variar os seguintes aspectos da fala:

- **Cadência**

  É o ritmo em que falamos. Uma fala muito lenta e excessivamente pausada torna-se monótona e dificultará manter a atenção no conteúdo, especialmente à noite e após um dia intensivo de trabalho.

  Por outro lado, uma fala muito rápida (como quando o expositor percebe que tem muito conteúdo para pouco tempo) dificulta o entendimento e, após diversos hiatos na tentativa de compreensão da fala, o ouvinte acaba se desinteressando pela apresentação.

- **Volume**

  É a intensidade (altura) do som que produzimos ao falar. Uma fala em volume baixo, além de dificultar o entendimento, gera uma atmosfera monótona e apropriada para um cochilo.

Quando o expositor fala baixo, quando o ambiente é grande ou existe um ruído de fundo vindo da própria plateia ou de atividades paralelas da casa ou mesmo da rua, o uso de microfone não é uma opção e sim uma necessidade, ainda que o expositor não goste desse artifício (vide capítulo 22 - Uso do microfone).

- **Ênfase**

É chamar a atenção para determinada frase ou momento da apresentação. Assim como usamos artifícios visuais para enfatizar o texto da apresentação, podemos usar artifícios de voz para destacar a narração.

Podemos enfatizar alterando o volume vocal (aumentando ou abaixando a voz). Uma frase dita com fraca intensidade desperta a atenção tanto quanto uma frase dita em alta voz.

Outro recurso é pausar a fala antes e depois de enunciar o pensamento que deve ser destacado, como um divisor na sequência das ideias (equivalente ao espaço no *layout* do slide).

Por exemplo, faça uma pergunta dramática e repentinamente; em seguida dê uma pausa para que os presentes formulem mentalmente a resposta, como por exemplo:

> - No início de sua vida pública, sempre que Jesus era posto à prova, por meio de perguntas capciosas, ele ressaltava a lei e os costumes judaicos, afinal Jesus era um **JUDEU**. Então ... **por que os judeus o perseguiam?**
>
> - **Pausa** para reflexão dos presentes e **silêncio** para enfatizar a pergunta.

- **Emoção**

  É a forma como dizemos o conteúdo da apresentação, um fator tão importante quanto o próprio conteúdo. Os mais belos textos preparados, quando ditos de maneira casual e monótona não são suficientes para envolver os ouvintes. É necessário mais.

  É necessário transmitir emoção. Palavras sozinhas comunicam pouco. Dar vida às palavras é dizê-las com emoção, porque acreditamos nelas e porque fazemo-las nascerem no fundo de nossa alma.

  Assim, é preciso despertar primeiro em nós, o melhor dos sentimentos em relação ao texto, à nossa fé e à importância do trabalho de expositor. Nessas circunstâncias, quando falamos, nossa emoção espalha-se junto com o som de nossa voz e toma os corações dos presentes sensíveis e interessados.

  Por essa razão, quando o expositor tem vivência com o tema, passa maior emoção e credibilidade. Nas palavras de Moran, Masetto e Behrens [1] "é falar de algo que conhecemos intelectualmente e vivencialmente e que, pela interação autêntica contribua para que os outros e nós mesmos avancemos no grau de compreensão...".

2. Interagir com o público

O expositor cria empatia com os presentes a partir de gestos de amizade como um sorriso e a interação com esse público. A expressão facial de um sorriso cativa a simpatia das pessoas, ao passo que a carranca cria uma antipatia e afastamento entre locutor e ouvintes.

Não estamos sugerindo um riso contínuo e desmotivado, mas uma expressão suave e natural de quem fala sobre um tema agradável à uma assembleia de amigos.

Em especial a interação com o público se dá quando fazemos uma pergunta aos presentes e aguardamos as respostas, que devem ser trabalhadas de forma a ressaltar o tema abordado, sem ofender aqueles que deram respostas incorretas.

Essa atitude também rompe o ritmo com que a apresentação vinha se desenrolando, criando outra dinâmica e, como já dissemos, evitando que a apresentação fique monótona.

Dois cuidados que devemos ter, sempre que iniciamos uma interação é:

a. Manter o controle para evitar questões fora do tema. Nesse caso, a melhor solução é não sair do tema, dizendo com todo o respeito que a pergunta está fora do tema, mas que, terminada a exposição, ficamos à disposição para prosseguir esse diálogo.
b. Saber encerrar esse momento de interação dentro do tempo calculado para essa atividade, de forma a não atrasar o término da exposição.

3. Caminhar

Movimentar-se na área destinada ao expositor, não de forma exagerada e sem parar, é um hábito que tem diversos pontos positivos:

- Aqueles que estão numa posição desconfortável ou há muito tempo olhando só para um lado, para conseguir enxergar o expositor, podem trocar de posição na cadeira.

- Mantém a atenção dos presentes e impõe mudança que não permite a formação de um clima monótono.

O que não deve ser feito é a famosa "dancinha" típica de quem está nervoso, em que a pessoa se movimenta de forma repetitiva e cíclica para um lado e para outro, de forma semelhante a uma dança.

4. Cuidados com os vícios de linguagem

Em geral todos nós temos vícios de linguagem e formas simples de falar, que são adequadas à conversa coloquial (em família, entre amigos etc.).

Todavia, a exposição pública requer uma fala mais isenta de vícios e erros. Com isso não estamos querendo defender uma fala carregada de palavras difíceis, o que certamente dificulta o entendimento do conteúdo, que é o objetivo maior do expositor. Estamos enfatizando o uso correto das regras gramaticais e evitando vícios de linguagem.

Falar corretamente é um aspecto positivo que enaltece a mensagem doutrinária e melhora o conceito dos curiosos e novatos sobre a doutrina e os espíritas.

Assim devemos evitar:

- Cacoetes repetitivos como: né?; sabe?; daí; entendeu? Esses vícios acabam por atrair a atenção dos presentes que, ao invés de se concentrarem na mensagem, passam a contar o número de vezes que o expositor repete essa palavra.
- Cacofonia como: um homem com <u>fé demais</u>, <u>por cada</u>, na <u>vez passada</u>, <u>uma mão</u> etc.

- Gerundismos (tão comuns atualmente) como: vamos estar recebendo as energias.
- Pleonasmos: quando nosso espírito subir lá pra cima.
- Fala coloquial: Aí nóis fomo lá.
- Erros de concordância: Eram dois espírito que cuidava do centro.
- Frases iniciando com perguntas e respostas: **O que é** um espírito**? Um espírito é** ....
- Modismos e expressões vazias que não melhoram a comunicação do conteúdo como**: A nível de; Eu diria que** etc.

Em razão de todas as recomendações acima, pode surgir a seguinte dúvida: devo prestar atenção no conteúdo da apresentação ou na minha fala? Em geral nós sempre prestamos atenção em nossa fala, num processo mental de construção do pensamento antes de expressá-lo na forma de fala.

Todavia, se for preciso priorizar, é preferível manter a atenção no desenvolvimento do assunto, no comportamento da plateia, no horário etc. A questão de corrigir os problemas de nossa fala deve ser um hábito do dia a dia e não uma preocupação apenas nas apresentações.

Em último caso, **vale mais a sinceridade da apresentação, o conhecimento do expositor e seu desejo de contribuir com a difusão da doutrina**, que uma fala culta, mas desprovida de verdade e emoção.

5. Tome cuidado com:

- Gracinhas e piadas inadequadas (maliciosas, preconceituosas, ofensivas etc.). A piada não pode ser chula ou ofensiva e ser escolhida com muito cuidado e apenas se fizer parte intrínseca do conteúdo narrado. Excesso de brincadeira pode deixar iniciantes sem saber interpretar "o que é para valer" e "o que é só piada", ou ainda perderem a noção da seriedade do tema tratado. Não se insere uma piada apenas para "desanuviar o ambiente", "fazê-los sorrir" e outras desculpas para encaixar uma piada na exposição. O objetivo de nossas reuniões é elevado e nobre, além do que a casa espírita é um hospital que reúne enfermos dos dois planos da vida, que merecem todo nosso respeito e vieram em busca de algo mais elevado.

- Ao contar fatos do cotidiano, evite descrever situações de violência ou vulgaridade. Esses quadros mentais quebram a harmonia das correntes mentais que transitam pelo ambiente e irão requerer trabalho extra do plano espiritual para restabelecer o equilíbrio e isolar interferências externas ao trabalho que se seguirá após a exposição.
- Comparações ou relatos que citam outras religiões, apenas se necessário para enriquecer o tema, além do que devem ser feitos com todo o respeito e as devidas justificativas. Assim agindo demonstramos nosso amor pelo próximo no respeito à sua fé. Lembremo-nos que é infinito o número de caminhos que levam ao Pai.
- Exemplos pessoais que parecem uma falta de modéstia e uma valorização da figura do expositor. Nesse caso, prefira contar o fato sem citar o autor.
- Quando o exemplo é dirigido aos ouvintes, ao invés de dizer "vocês", diga "**nós**". Desta forma o expositor também se insere no grupo ao qual o exemplo se apli-

ca, não se excluindo de ter as mesmas falhas e defeitos dos presentes.

[1] MORAN, J. M.; MASETTO, M. T.; BEHRENS, M. A. *Novas tecnologias e mediação pedagógica.* 2. ed. Campinas: Papirus, 2000. p. 62.

22

OUTROS CUIDADOS

Nem sempre manejaremos a tribuna coroada pela retórica perfeitamente unida à gramática, no entanto, a humildade é acessível a todos, a fim de que a frase sincera consiga expô-la com franqueza e carinho, edificando a quem ouve.

(XAVIER, F. C. *Livro da esperança.* Pelo espírito Emmanuel. 68 - Ideia espírita.)

Não ler slides de forma ostensiva

Sem correr o risco de ser repetitivo, mas preciso abordar novamente a questão da leitura ostensiva dos slides.

Claro que o expositor lê/vê cada slide, de forma rápida e apenas para se situar no momento da apresentação (sincronizar sua fala com o slide que está sendo projetado). Também lê em voz alta, uma citação ou trecho de texto, que deseje transmitir fielmente aos presentes e não apenas o seu comentário aproximado.

O que não pode acontecer, é o expositor ficar lendo os slides para os presentes, que quase certamente são todos alfabetizados e conseguem ler por si mesmos. Algumas vezes a falta de preparo (respeito) é tanta que o expositor fica de costas para os presentes, lendo e falando sobre os slides.

A conclusão que se tira dessa atitude é que o expositor não se preparou suficientemente para a apresentação e está usando os slides como "cola".

Apresentação pessoal

A boa prática cristã nos aconselha a evitar ostentação em qualquer hora e lugar, principalmente numa casa de oração. A veste extravagante, ou inadequada para aquele momento, pode constranger irmãos menos afortunados ou passar uma impressão de que o expositor tem um grande desejo de se expor.

Na atividade de expositor, deve-se evitar roupas chamativas e adornos exóticos e barulhentos (como alguns tipos de pulseiras e colares).

Lembro-me de um curso de oratória ministrado pelo nosso irmão Ari Lex (médico e professor de medicina, já desencarnado), nos idos de 1960, quando ele alertava até para o uso de abotoaduras extravagantes.

Cito Tristão de Ataíde (pseudônimo de Alceu Amoroso Lima) quando diz: "Vestir bem não é usar roupas vistosas, mas vestir-se adequadamente".

Para onde eu olho

Expositores experientes olham sua plateia nos olhos. As pessoas gostam que se faça contato visual, exceto quando se olha fixamente para uma mesma pessoa, o que causa constrangimento.

Com essas varreduras de olhar percebemos se nosso público está atento ou demonstra claros sinais de cansaço e monotonia.

Porém, expositores iniciantes precisam treinar essa comunicação no olhar, até porque existem pessoas presentes que balançam a cabeça de forma negativa o tempo todo, existem aqueles que dormem ou escutam de olhos fechados e aqueles que olham para o expositor e para o relógio numa tentativa de lembrar que ele tem pressa porque está perdendo a novela etc.

Como esses olhares podem fazer um iniciante perder sua concentração, é melhor evitar olhares diretos, até ter autoconfiança. Nesse caso, a sugestão é **fixar um ponto, na parede oposta da sala**, ligeiramente acima das cabeças dos presentes.

As mãos

Outra preocupação do iniciante a expositor é a postura em relação às mãos: onde colocá-las?

Nossa sugestão é que se adote as posturas naturais, sem falsas poses. Um bom exemplo é observar apresentadores de TV que assumem postura natural, mesmo com as duas mãos vazias.

Como parece que, se ocupamos uma das mãos, esse problema é minimizado, nossa sugestão é adotar um ponteiro (vide próximo tópico).

Uso do ponteiro

Trata-se de um dispositivo usado para avançar e retroceder slides, evitando-se assim aquela conversa chata entre expositor e quem opera o projetor, do tipo: – Passa o próximo. Não, esse não, você passou dois slides. Volte um.

A correta projeção dos slides exige que essa tarefa seja feita pelo próprio expositor, principalmente quando a apresentação contém animação e vídeos.

O ponteiro também serve para apontar detalhes na tela, graças a um pequeno ponto de luz laser.

O que tem ocorrido atualmente em muitas instituições espíritas é que a direção, de absoluta boa intenção, monta uma espécie de cabine no fundo da sala de exposições, onde coloca um computador conectado ao projetor, de forma a que o operador dessa cabine cuide da projeção dos slides.

Apesar do ponteiro trabalhar por wifi[23], muitas vezes a distância e as paredes da cabine não permitem que isso ocorra. Outras vezes é muito difícil plugar o captador WIFI do ponteiro numa porta USB do micro, que em geral fica embaixo de uma mesa. Mais uma restrição é que o expositor pode querer incluir uma simulação ou uma página da internet na apresentação, e para isso ele precisa ter acesso ao teclado do computador, mas seu notebook deve ficar nessa cabine para usar o cabo que vai ao projetor, portanto, num local distante do apresentador.

Uma solução adequada para o uso compartilhado desse tipo de cabine (fig.1) é usar um cabo que vai do

---

23 **WIFI** rede sem fio

computador da casa espírita até um chaveador (também chamado de *splitter*) fixado próximo ao local onde o expositor vai ligar seu computador, ligando na **entrada 1** desse dispositivo.

Outro cabo ligará o notebook do expositor à **entrada 2** do *splitter*.

Na **saída** do *splitter* será colocado o cabo que será ligado no projetor multimídia.

Assim, nas projeções da casa e quando o expositor não usar seu computador, o *splitter* ficará selecionado na **entrada 1**, exibindo imagens vindas do computador da casa. Quando um palestrante for usar seu próprio notebook, basta ligar o cabo da **entrada 2** do *splitter* na saída de vídeo de seu computador e mudar a chave seletora do *splitter*.

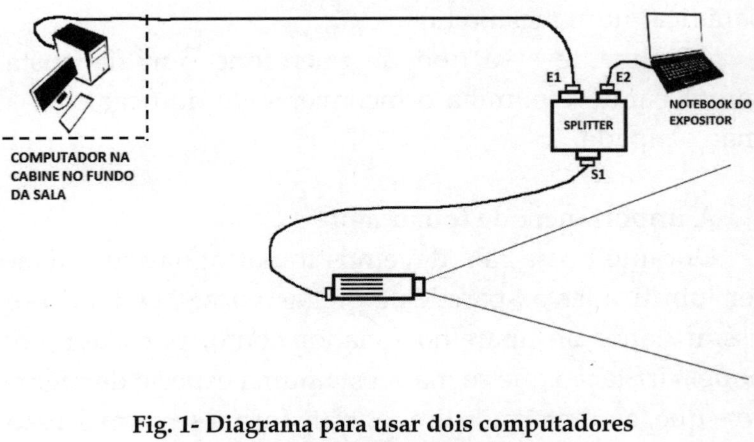

Fig. 1- Diagrama para usar dois computadores ligados ao projetor

Uso do microfone

Não é sem razão que muitas pessoas evitam usar microfone numa apresentação. O problema maior é que, carregado na mão, precisamos de muito treino para que seja mantido a uma distância correta da boca. Já quando é usado num pedestal, obriga a pessoa a permanecer num único local e, geralmente, virar de costas para ver a tela, afastando-se assim do microfone.

O fato é que, se a sala for grande e/ou o local barulhento, o uso do microfone não é opcional, mas uma necessidade a ser satisfeita pelo expositor, para o conforto dos presentes.

Nesse caso, a melhor opção é um microfone sem fio, que pode ser usado na lapela ou com o suporte de cabeça. Em ambos os casos a distância entre o microfone e a boca permanecerá constante e o apresentador não precisará ficar num mesmo lugar.

Atualmente esse tipo de microfone sem fio custa muito barato e elimina o inconveniente de ficar com a mão ocupada.

A importância de tomar água

Durante nossa fala devemos tomar água para manter lubrificadas as paredes e pregas vocais, evitando-se assim danos ao aparelho fonador como, por exemplo, aquela irritação que se manifesta numa espécie de pigarro e que, ao tentarmos tirá-la, transforma-se num acesso de tosse.

Aproveite aqueles momentos reservados para a plateia ler o slide ou pensar numa pergunta, ou ainda assistir um pequeno vídeo, para tomar água, evitando assim interromper sua fala para tomar água, enquanto todos olham para você.

Ainda a respeito de preservar a voz, lembramos que existem outros cuidados igualmente importantes como, por exemplo, falar a maior parte do tempo, numa intensidade média (volume). Se as condições do ambiente requerem que se fale numa intensidade alta (volume), isso é um indicativo seguro de que se deve empregar o microfone.

Prepare-se para interrupções

Às vezes ocorre que alguém presente faça uma pergunta durante a exposição e, para isso, o expositor deve se preparar para essa situação e como vai reagir a ela.

Certamente não existe a reação correta; isso depende do tipo de plateia, do tipo de reunião, da pessoa que pergunta etc.

Todavia, o que o expositor precisa preparar é sua reação para não perder sua concentração ou responder de má vontade a quem formulou a questão.

O diálogo é sempre desejável, como forma de aprendizagem. Dependendo do momento da exposição, é melhor explicar a quem pergunta que essa questão será respondida até o final da exposição, ou após seu final, numa conversa entre o expositor e o interlocutor.

O expositor tem que tomar cuidado para não abrir diálogos longos que podem comprometer o tempo da exposição, ou sair do tema da apresentação. Novamente nesses casos, a melhor solução é explicar, a quem formulou a questão, porque não podemos responder de imediato, mas que, ao encerrar a apresentação, ficaremos à disposição para continuar o diálogo.

Com isso não queremos excluir o método dialógico e o processo de construção conjunta do conhecimento, onde o mediador (expositor) lança as questões e procura conduzir as intervenções da plateia para o tema a ser abordado. Essa é uma forma excelente de motivar os presentes para a exposição que será desenvolvida (vide capítulo 16). Neste tópico estamos nos referindo, tão somente, a eventuais questões lançadas por algum presente, durante o desenvolvimento da exposição.

Ainda sobre o PowerPoint®

- O arquivo que será usado na projeção dos slides deve ser salvo no formato .pps (PowerPoint 2003) e .ppsx (PowerPoint 2007 e seguintes). Esses arquivos no formato de apresentação de slides reduzem o tamanho do arquivo (especialmente o .ppsx).
- Quando inserimos imagens na apresentação e cortamos a área excedente, a imagem guardada no arquivo do PowerPoint continuará tendo o tamanho original. O mesmo ocorre quando usamos o mouse para diminuir o tamanho de uma imagem. O que ocorre é que, numa apresentação com muitos slides, o tamanho do arquivo final pode ficar grande para computadores com pouca memória.

  O recurso para resolver esse problema é marcar uma imagem qualquer da apresentação. Em seguida aparecerá o menu "Formatar". Selecione a opção "Compactar Imagens". Abrirá uma nova janela; nela tire a seleção da opção "Aplicar somente a esta imagem", mas mantenha selecionada a opção "Excluir áreas cortadas

das margens" e a opção "todas as imagens'. Em seguida salve a apresentação.

- Para a apresentação com arquivo no formato .pps ou .ppsx, não é necessário ter o programa PowerPoint® instalado na máquina que será usada na apresentação. Basta ter instalado o visualizador do PowerPoint (Viewer), que pode ser baixado gratuitamente.
- Com o botão direito do mouse (ou correspondente de um apontador), é possível transformar o cursor numa caneta ou destaca-texto e fazer apontamentos e desenhos, em cores variadas, em cima do slide projetado. Para usar uma tela branca para ressaltar a escrita ou desenho, basta digitar "," (vírgula) para limpar a tela e novamente "," para retornar o slide, antes do comando para caneta/marcador.
- Com a tecla "*backspace*" podemos retornar um slide a cada vez que essa tecla é clicada.
- No final da apresentação acrescente um slide totalmente preto (slide cego) de forma a que, ao encerrar a exposição, não fique imagem aparecendo na tela, competindo assim com a atenção dos presentes, uma vez que os trabalhos da casa terão continuidade.
- Caso seja necessário abrir outro programa junto com o PowerPoint® (por exemplo, usar o Internet Explorer para mostrar um site) basta, antes de iniciar a apresentação, carregar os programas que serão usados e, no momento oportuno, navegar entre os programas abertos com as teclas "ALT" mais "TAB", simultaneamente, e com as setas para direita e esquerda, escolher o programa desejado (dentre os que foram previamente carregados).

- Caso se deseje distribuir, aos presentes, versão impressa da apresentação, uma sugestão é imprimir nos formatos "estrutura de tópicos" (só texto) ou "folheto" (slides completos) com dois ou seis slides por folha. Esses dois formatos estão disponíveis nas opções de impressão do PowerPoint.
- Ao incluir músicas e vídeos na apresentação, não se esqueça de levar esses arquivos junto com o arquivo da apresentação (eles não estarão contidos dentro da apresentação; serão usados a partir de arquivos separados). Mantenha esses arquivos na mesma pasta da apresentação.

Cautela e caldo de galinha ...

A tecnologia facilita algumas coisas e dificulta outras. Ao usar computador e projetor é necessário chegar antes do início dos trabalhos, montar os equipamentos, testar e deixá-los preparados para seu uso (inclusive o volume caso seja utilizado vídeo ou música).

Quando não se conhece o local, é prudente chegar, no mínimo, meia hora antes e levar extensão com barra de tomadas (ou um "T" que permita ligar mais de um equipamento na mesma tomada).

Apesar de computadores e projetores serem, em geral, bivolt (funcionam em 128V e 220V), é bom verificar a voltagem da tomada que será usada e, se for 220V, verificar se o equipamento é bivolt ou tem uma chave seletora para adequação à voltagem a ser usada.

Para quem usa notebook da Apple, lembrar que a saída de vídeo é diferente do cabo padrão, o que vai exigir um adaptador. Também pode ocorrer que o cabo do projetor multimídia da casa seja antigo, no padrão RGB, mas o notebook é novo e a saída de vídeo é HDMI. Novamente precisaremos de um adaptador HDMI-RGB e, se formos usar som (música ou vídeo), esse adaptador tem que ter um cabo extra que leva o som fora do padrão HDMI, para poder alimentar o notebook.

Antes de sair de casa, conferir se pegou o apontador, o mouse e o carregador da bateria do notebook (se necessário). Verifique também se as pilhas do apontador estão com carga.

Como, em geral, as instituições já têm seu notebook, levar a palestra num pen-drive, dará a possibilidade de usar o computador da casa, se for mais adequado ou caso ocorra um defeito no computador do expositor (quem tem dois, tem um ...).

23

RUDIMENTOS DO PROCESSO ENSINO-APRENDIZAGEM

Ensinar o caminho a viajores, não demonstra conhecimento direto e pessoal da jornada. Há excelentes estatísticos que nunca visitaram as fontes originais de seus recursos informativos, e eminentes geógrafos que raramente saem do lar.

(XAVIER, F. C. ***Missionários da luz.*** **Pelo espírito André Luiz. 9 – Mediunidade e fenômeno)**

NESTE CAPÍTULO APRESENTAREMOS, de forma breve, um resumo de conceitos relacionados ao processo ensino--aprendizagem.

Sabemos que a doutrina não visa promover cursos para diplomar seus frequentadores e que, em se tratando do Evangelho do Cristo e da doutrina dos espíritos ninguém é professor, mas em última instância, o objetivo das exposições realizadas nas casas espíritas é divulgar e ensinar conceitos do cristianismo e da doutrina espírita. Afinal, qual outra finalidade teria esse tempo de exposição pública, senão esclarecer e ensinar e, a partir dessa fundação, solucionar os problemas mais básicos do espírito, causa dos males da matéria e das dores morais. É por essa responsabilidade que o expositor precisa ter conhecimento, preparar-se para a exposição e, na medida de sua evolução, vivenciar os ensinamentos pregados. Mudar a designação para orientador, tutor, instrutor etc. é apenas trocar "além por porém", porque acima do título deve estar o preparo e a responsabilidade para essa função, seja numa sessão pública, num curso regular da doutrina, numa aula de mocidade ou em outra situação similar.

Como já dissemos, o expositor não visa ser tomado como um orador, mas apenas como um professor. A apresentação em tom professoral é, senão uma marca deixada pela docência, um lindo elogio, afinal o único título que Jesus aceitou foi o de Mestre.

Em geral, os conceitos da pedagogia não se aplicam bem para as exposições de temas doutrinários, pelas razões relacionadas a seguir.

- Não visa ensinar uma criança nem tem relação direta com os estudos promovidos sobre a formação de conceitos numa criança. Nesse sentido, a atividade de um expositor na casa espírita guarda maior relação com o ensino de jovens e adultos (cursos EJA ou educação superior).

- Não têm um conteúdo programático organizado de forma sequencial, mas é geralmente constituído por temas esparsos, que na maioria das vezes, é definido pelo expositor.
- A cultura de aprendizagem passiva e não dialógica além da forma do salão de exposições e a disposição das cadeiras não são adequadas para a aplicação de técnicas construtivistas e aprendizagem ativa como Ensino Baseado em Problema, em projeto, em pares, sala de aula invertida (*flipped classroom*), gamificação e outras.
- Não se aplicam também as técnicas de verificação de aprendizagem. A vida se encarrega de avaliar a correta apreensão dos conceitos, objeto das palestras.

Dessa forma ficamos limitados a **técnicas de aulas expositivas** e, por essa razão, vamos apresentar alguns conceitos isolados, mas que têm aplicação na atividade de um expositor espírita. Esses conceitos serão transcritos de forma resumida e, caso o leitor se interesse por conhecê-los melhor, colocamos as referências para facilitar um estudo posterior.

1. Informação e conhecimento

De uma forma simples podemos definir informação como sendo um relato sobre um fato. A informação é uma mensagem que pode ser compreendida por todos que tenham pré-compreensão dos códigos utilizados para sua geração. Assim, se a mensagem está escrita, o primeiro requisito de repertório para entendimento do conteúdo da mensagem é o idioma no qual ela foi escrita.

Se no texto da mensagem tivermos uma equação matemática, a compreensão completa da mensagem exigirá algum repertório prévio baseado na matemática, para entender aquela equação.

Por essa razão, os primeiros conhecimentos de uma dada área devem exigir um repertório mínimo, afinal trata-se de um início de aprendizagem. Se a construção dos significados for bem feita, em geral a aprendizagem não será um processo difícil. Quando isso não acontece, o aprendente tem muita dificuldade para se apropriar dos primeiros conceitos. Porém, os conceitos seguintes terão compreensão baseada nos conceitos mais básicos e, mantida a escala crescente de dificuldade, mas sempre baseada nos fundamentos anteriores, é possível caminhar do nível iniciante até o nível especialista em qualquer área de conhecimento.

Do ponto de vista da educação, informação não é conhecimento. A informação é um pequeno aspecto de um todo, que geralmente se apresenta isolada do todo original. É isso que ocorre quando fazemos uma consulta a um site "wiki". Encontramos uma definição pontual, suficiente para responder uma pergunta pontual. Do ponto de vista de praticidade, não resta dúvida que esse recurso é bastante útil. Porém, a proficiência em milhares de respostas isoladas não caracteriza um conhecimento sistematizado e profundo sobre a área de conhecimento de onde as respostas pontuais vieram.

Do ponto de vista de conteúdo, o conhecimento é a organização de todo o saber relativo a uma determinada área. Se as respostas isoladas fossem organizadas e agrupadas com muito texto adicional que expandiria as ideias e faria a ligação lógica entre essas respostas, teríamos então um corpo de conhecimento.

2. Conhecimento e educação

Do ponto de vista da educação, o conhecimento é um referencial que uma pessoa apreendeu para si, após sua compreensão. Dessa forma, o conhecimento é pessoal e deve ser construído, pelo próprio aprendente, num processo formal, denominado ensino-aprendizagem ou num processo informal onde o aprendente tem contato diário com milhares de informações que, se ele tiver **interesse** e **repertório**, poderá transformar essa informação em conhecimento e, a partir daí esse conhecimento passa a ser parte de seu repertório pessoal.[24]

Segundo Castillejo *apud* Minguet[1]

> A educação é um processo de construção humana cujos efeitos produzem mudanças na configuração do sujeito, fazendo-o mais flexível, mais especializado, mais humano, mais configurado de acordo com o sistema de valores que lhe serve de referências.

3. O que é aprender

Os autores Cosenza e Guerra[2] afirmam que educar tem como objetivo adquirir e desenvolver novos conhecimentos ou comportamentos. Essa transformação se dá por meio de um processo (sequência de atos e esta-

24 No mundo empresarial, conhecimento é um tipo de informação com potencial de vir a ser utilizada como solução de futuros problemas e, por essa razão, será compilada e armazenada num Banco de Conhecimentos.

dos), denominado de Processo Ensino-Aprendizagem.

Dessa forma, quando dizemos que alguém aprendeu algo novo, estamos afirmando que essa pessoa desenvolveu competência para realizar novas atividades, novos comportamentos ou resolver novos problemas, utilizando o conhecimento, as habilidades e as atitudes adquiridas nesse processo de aprendizagem, que serão moldadas e aplicadas nas experiências de vida.

Assim, embora alguns relutem em aceitar que as palestras da casa espírita têm a finalidade de ensinar (assim como a vida na matéria), os ensinamentos do Cristo e da doutrina dos espíritos que lá são ministrados têm como objetivo gerar novos comportamentos e habilidades e, dessa forma, estamos fazendo a transformação denominada "reforma interior", onde nos desfazemos de velhos hábitos do passado, substituídos pelos princípios da Segunda e da Terceira Revelação. É uma transformação que pede o conhecimento para sua aceitação e, com a prática na vida encarnada, vamos realizando nossa transformação moral e emocional.

Do ponto de vista espírita, damos mais um passo no entendimento desse processo, pois sabemos que esse aprendizado tem como objeto não o cérebro, mas a mente do espírito encarnado, e que as emoções, pensamentos, ideias e decisões decorrentes do processo ensino-aprendizagem não são fruto autônomo do comportamento do cérebro ou do sistema nervoso, mas da mente do espírito aprendente e que o aprendizado e a correspondente prática é, no sentido mais amplo, a ferramenta para a evolução do espírito.

4. O processo ensino-aprendizagem

A rigor estamos falando de dois processos: aquele que o professor concebe como sendo a forma com que o aluno constrói o conhecimento (**aprendizagem**) e, em função dessa concepção, a forma com que o professor usará para ensinar (**ensino**). Nesse sentido, Milhollan e Forisha[3] afirmam que "ensino é uma atividade que emerge de alguma concepção sobre como ocorre a aprendizagem".

Numa abordagem mais antiga e, provavelmente conteudista (privilegiar o conteúdo, a transmissão de informações, sem o cuidado de mediar o processo de geração do conhecimento), o destaque era dado ao professor que sabia ensinar. Numa abordagem atual, o foco está na importância de o aluno construir seu conhecimento, conduzido pelo professor que o auxilia a aprender, ou segundo Moran, Masetto e Behrens[4] "caminhos que levem ao aprender".

Existem muitas teorias explicando como o processo ensino-aprendizagem (PEA) ocorre, cada uma delas baseada numa teoria da Psicologia da Educação.

A seguir vamos apresentar um modelo do PEA baseado na abordagem cognitivista, fruto do trabalho do psicólogo suíço Jean Piaget e do também psicólogo americano Jerome Bruner e continuadores.

Nesse resumo incluímos conceitos preconizados por Jean Piaget (construtivista), David Ausubel (cognitivista), Howard Gardner (cognitivista) e contribuições da neurociência, baseado nos relatos de Pozo[5], Weisz, e Sanchez[6] e Cosenza e Guerra[2] (fig. 2).

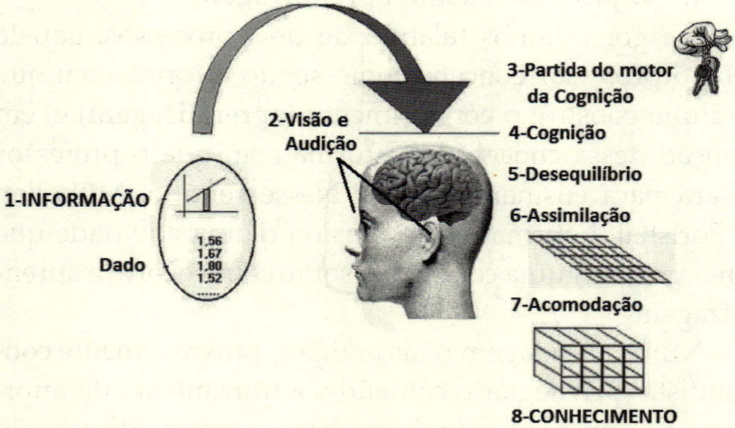

Fig. 2 – Processo de Aprendizagem

1. Uma informação (dado contextualizado) pode ser percebida pelos nossos sentidos (principalmente visão e audição), porque essa informação foi materializada no meio (existem informações que não estão materializadas como, por exemplo aquelas que estão na memória de um indivíduo).
2. Por ser uma mensagem que faz oferta para os sentidos, portanto, pode ser percebida por meio de visão e/ou audição, essa informação do mundo exterior será levada ao cérebro para seu processamento (interpretação). A essa interpretação dá-se o nome de cognição.
   Lembre-se que o órgão que vê, no sentido lato da palavra, no corpo humano, não são os olhos, mas o cérebro. Os olhos captam diferentes níveis de luminosidade, por meio dos cones e bastonetes presentes na retina. Essa estimulação é transformada em sinais elétricos e então transferida, por meio do nervo óptico, para a re-

gião do lóbulo occipital do cérebro onde passará por um processo onde o cérebro usa memórias e interpretação das imagens, para lhe dar um significado (o que está sendo visto).

3. Ver apenas não significa fazer um processamento cerebral para buscar interpretar o que está sendo visto. Nosso cérebro descarta a grande maioria de imagens que recebe, mas que o indivíduo não teve interesse em processá-las.

   A partida do motor da cognição ocorre pelo **interesse** (motivação) e **atenção** do indivíduo. Assim, um aluno que está desinteressado na aula pode ver, mas não fazer cognição das informações que está recebendo.

   Como o fator emocional exerce papel preponderante na empatia professor-aluno, e como essa empatia cria o interesse pela aula (informações transmitidas), o clima afetivo estabelecido entre professor e aluno será a chave de partida do motor da cognição.

   Portanto, uma forma de não ocorrer a cognição será motivada pelo clima emocional estabelecido em sala de aula ou na relação particular de um aluno com o seu professor. A antipatia pelo professor gera um desinteresse por parte do aluno, que está presente em sala de aula, mas não está processando as informações do professor. Outra forma dessa recusa em fazer a cognição ocorre quando o aluno se declara, *a priori*, incapaz de entender a disciplina. Essa declaração equivale a desligar o motor da cognição, pela desistência em entender o conteúdo da aula.

4. Por exemplo, o interesse ocorre quando o indivíduo sendo bombardeado por centenas de informações vei-

culadas por um telejornal, faz um tratamento seletivo de forma inconsciente, buscando descartar a maioria delas, ou seja, trata-as como informação que não precisa de maior atenção. Amanhã provavelmente ele não se lembrará mais, abrindo lugar assim para novo bombardeio de informações.

5. Porém, quando o indivíduo se depara com uma informação que lhe interessa (por exemplo, para uso na sua vida social ou para sua profissão ou mesmo por razões econômicas, de segurança etc.) e que ele não conhece bem, a mente sofre um desequilíbrio, como se a constatação de não saber e, face a importância dada para a informação, o processo de aprendizagem passa para outro nível mais profundo.
6. O entendimento daquela informação requer que o cérebro use um repertório prévio de memória e/ou saberes. Por exemplo, a fala ou texto deve estar num idioma que o indivíduo entende. O mesmo deve ocorrer para siglas, termos técnicos, gírias ou um conhecimento básico anterior sobre aquela área de conhecimento.
   É como se o indivíduo passasse aquela informação por uma peneira composta pelo seu repertório anterior de conhecimentos, buscando interpretar e entender o conteúdo daquela informação.
7. Uma vez interpretado (entendido) e, mantido o interesse pelo fato, o cérebro fará um processo de memorização daquele fato, provavelmente na memória chamada de curta duração, ou numa classificação segundo a natureza do conteúdo, memória factual, memória do comportamento, memória de eventos e memória de prospecção (Salkovskis[8]).

8. A partir daí e, enquanto não ocorrer um esquecimento, essa informação foi transformada em conhecimento e está disponível para o indivíduo recuperá-la. Portanto, a partir de agora, esse conhecimento é um referencial pessoal do indivíduo.

5. Ensino de jovens e adultos

Para esse tipo de público é preciso lembrar sempre que eles já construíram seu modelo de mundo, as experiências mais rotineiras do dia a dia e que trazem uma vasta bagagem de conhecimento, que não pode ser relegada, mas, ao contrário, deve ser aproveitada como alicerce para lembrar ou construir novos conceitos.

Segundo Weisz, e Sanchez[6]: "Esse é um tipo de ensino que pressupõe uma atividade, por parte de quem aprende, que organiza e integra novos conhecimentos aos já existentes". Todavia, essas autoras também enfatizam que "afirmar que o conhecimento prévio é base da aprendizagem, não é defender pré-requisitos".

A aplicação desse princípio nos lembra que nosso público traz uma vivência prévia que, em muitos aspectos, pode ser maior que a nossa. Também nos lembra que devemos aproveitar esse conhecimento prévio para construir a motivação e os exemplos da exposição que, nesse caso será motivador para nosso público.

É um público onde devemos priorizar os modelos "sociocultural" e "construtivista" como estratégia de ensino-aprendizagem.

6. Aprendizagem significativa

Novamente, em razão do nosso público ter maturidade

e um conhecimento de mundo já formado, sua motivação por determinado tema é proporcional ao seu interesse pelo tema, aliado à sua percepção de aplicabilidade do tema.

Podemos definir significativo como uma situação de aprendizagem onde o indivíduo é motivado pelo conteúdo e decide, de forma ativa, por elaboração e compreensão do mesmo.

Esse aluno fará conexões com o conhecimento prévio e o tema da exposição, razão pela qual devemos recorrer a imagens e fatos da vida real para esses ouvintes.

Da mesma forma, o encadeamento de conceitos durante uma exposição deve respeitar e assinalar as possíveis conexões com conteúdos previamente abordados na exposição ou em um encontro anterior (quando se trata de um curso regular).

Por essa abordagem a capacidade de fazer conexões de forma intencional, dirigida e não de maneira arbitrária, exerce papel semelhante àquele da argamassa numa construção, ou seja, une os tijolos impedindo que eles fiquem isolados, desconexos, não como informação pontual, mas como conhecimento atrelado a uma rede semântica de significados.

David Ausubel, psicólogo e especialista em educação é o autor da teoria da aprendizagem significativa, uma das teorias do processo ensino-aprendizagem, que enfatiza a necessidade de que uma nova informação se relacione de forma proposital com conhecimentos anteriores da estrutura do conhecimento do indivíduo, de forma a dar sentido a esse processo.

Segundo essa teoria, a conexão entre novas informações e a estrutura de conhecimento do indivíduo ocorre através de "subsunçores", que podemos pensar como sendo ganchos onde ancoraremos novos conceitos. Portanto subsunçores (ganchos) são conceitos mais gerais, portanto, mais inclusivos, onde conectamos conceitos mais específicos.

Dessa forma, o que já sabemos servirá como organizadores prévios do que se deve aprender. Resumindo: conceitos genéricos devem vir antes de conceitos específicos.

7. Princípios da psicologia do conhecimento

A seguir apresentamos, numa transcrição, alguns princípios enunciados por Joseph Novak em 1982 *apud* Coll, Palacios e Marchesi[7].

1. Todos os alunos podem aprender significativamente um conteúdo, com a condição de que disponham de conceitos relevantes e inclusores em sua estrutura cognitiva.
2. O conteúdo da aprendizagem deve ser ordenado e sequenciado, de maneira que os conceitos mais gerais e inclusivos se apresentem no princípio. Isso favorece a formação de conceitos inclusores na estrutura cognitiva e facilita, posteriormente, a aprendizagem significativa de outros elementos do conteúdo.
3. A apresentação inicial dos conceitos mais importantes, gerais e inclusivos, deve estar apoiada em exemplos concretos que os ilustrem.

[1] MINGUET, P. A. (organizadora). *A construção do conhecimento na educação*. Porto Alegre: Artes Médicas, 1998. p. 137.

[2] COSENZA, R. M.; GUERRA, L. B. *Neurociência e educação:* como o cérebro aprende. Porto Alegre: Artmed, 2011. p. 141

[3] MILHOLLAN, F.; FORISHA, B. E. *Skinner x Rogers:* maneiras contrastantes de encarar a educação. São Paulo: Summus, 1978. p. 11.

[4] MORAN, J. M.; MASETTO, M. T.; BEHRENS, M. A. *Novas tecnologias e mediação pedagógica.* 2. ed. Campinas: Papirus, 2000. p. 18, 39.

[5] POZO, J. I. *Teorias cognitivas da aprendizagem.* 3. ed. Porto Alegre: Artes Médicas, 1998. p. 213

[6] WEISZ, T.; SANCHEZ, A. *O diálogo entre o ensino e a aprendizagem.* São Paulo: Ática, 2001. p. 58

[7] COLL C.; PALACIOS, J.; MARCHESI, A. *Desenvolvimento psicológico e educação:* psicologia da educação. Vol. 2. Porto Alegre: Artes Médicas, 1996. p. 337.

[8] SALKOVSKIS, P. M. *Fronteiras da terapia cognitiva.* São Paulo: Casa do Psicólogo, 2004. p. 101

24

JESUS, KARDEC E A PEDAGOGIA ESPÍRITA

Uma sociedade depravada certamente precisa de leis severas. Infelizmente, essas leis mais se destinam a punir o mal depois de feito, do que a lhe cercar a fonte. Só a educação poderá reformar os homens, que, então, não precisarão mais de leis tão rigorosas.
(KARDEC, Allan. *O Livro dos Espíritos*. Cap. VIII – Da lei do progresso)

OBVIAMENTE, NUM LIVRO voltado ao trabalho de educação espírita, não poderia faltar um capítulo que tratasse da pedagogia de Jesus, de Kardec e finalizasse sintetizando uma concepção de pedagogia espírita.

Neste contexto, estamos abordando o termo "pedagogia" como um conjunto de métodos utilizados na educação, mas também abrangendo a forma de relacionamento entre quem ensina e quem aprende, assim como o conjunto de temas ao constituir o eixo orientador das questões que compõem um corpo de conhecimento, nesse caso a doutrina do Cristo e a doutrina dos espíritos.

Para abordar uma pedagogia espírita, sem demérito de tantos irmãos capacitados que já o fizeram, escolhemos como referencial teórico, o trabalho do professor José Herculano Pires, graduado em filosofia, jornalista, articulista, orador e autor de inúmeros livros espíritas.

Nas palavras de Emmanuel, Herculano foi "o metro que melhor mediu Kardec", mas quero destacar a tenacidade com que esse irmão atacou, em palestras e por meio de vários livros (dos quais destaco *A pedra e o Joio* e *O verbo e a carne*), as formas de deturpação da doutrina espírita e a importância de se manter a pureza doutrinária.

Fomos beber na fonte do livro *Pedagogia espírita*[1], publicado postumamente, graças ao trabalho de abnegados irmãos que compilaram artigos publicados por Herculano, na Revista *Educação Espírita* (Editora EDICEL), no período de 1970 a 1974, num total de 57 textos, todos tratando questões relativas à educação espírita.

Após compilar esses textos, obtivemos uma série de recortes que tratavam da pedagogia de Jesus, de Kardec e da proposta de uma pedagogia espírita.

Depois de colocar esses recortes em ordem por assunto, percebemos que eles davam sequência perfeita para um texto, e então transcrevo-os a partir de agora, tendo o cuidado de anotar a página do livro de onde foi tirado.

Permitam-me redundar, para não ser julgado como plagiador: o texto completo que se segue, a partir do próximo parágrafo, é de autoria de Herculano Pires, extraído da obra *Pedagogia espírita*[1].

Educação
René Hubert, pedagogo francês contemporâneo, define a Educação como um ato de amor, pelo qual uma consciência formada procura elevar ao seu nível uma consciência em formação. A Educação se apresenta, assim, como Ciência, Filosofia, Arte e Religião. É Ciência quando investiga as leis da complexa estrutura humana. É Filosofia quando, de posse dessas leis, procura interpretar o homem. É Arte quando o educador se debruça sobre o educando para tentar orientá-lo no desenvolvimento de seus poderes internos vitais e espirituais. É Religião porque busca a salvação do ser humano no torvelinho de todas as ameaças, tentações e perigos do mundo. O verdadeiro educador é o que pratica a Religião verdadeira do amor ao próximo, naquilo que podemos chamar o Culto do Ser no templo do seu próprio ser. **(p. 07)**

Educação cristã
A expressão educação cristã é encontrada nos escritos de São Clemente de Roma, lá pelo ano 96. São Paulo, antes dele, já se preocupara em aconselhar os pais sobre a maneira de educar os filhos: essa é uma preocupação constante do Cristianismo (1 Coríntios; Efésios; Colossenses.) [...]
A Educação Cristã se realizou, nos primeiros tempos, direta e pessoalmente. Os educadores foram o próprio Jesus – o Mestre por excelência – os apóstolos, os evan-

gelistas e, em geral, os discípulos do Cristo. Era então uma educação sem escolas, como aconteceu com a budista, a judaica, e em geral com todas as religiões em seus primeiros tempos. **(p. 30)**

Jesus e a educação

O pensamento pedagógico, orientador dos processos educacionais superiores, resulta da reflexão sobre os problemas da educação. Jesus não era um educador no sentido comum da palavra. Não possuía, como homem, nenhuma experiência educativa. Sua profissão era a do pai, segundo a tradição familiar: carpinteiro. Deixando de lado os problemas referentes à sua origem e natureza divinas e encarando humanamente os fatos poderíamos falar numa pedagogia de Jesus? **(p. 39)**

Os fundamentos pedagógicos do ensino de Jesus estão na sua concepção do mundo, abrangendo o homem e a vida. Essa cosmovisão se opõe à concepção pagã e à concepção judaica. Jesus, assim, não é apenas um reformador religioso, mas um filósofo na plena acepção da palavra. Ele modifica a visão antiga do mundo e essa modificação atinge a todas as filosofias do tempo, não obstante os pontos de concordância existentes com várias delas. Bastaria isso para nos mostrar, à luz da Ciência da Educação, a legitimidade da tese que inclui Jesus entre os grandes educadores e pedagogos, colocando-o mesmo à frente de todos. Não se trata de uma posição religiosa, mas de uma constatação científica. **(p. 40)**

Desses princípios fundamentais resultava logicamente a Pedagogia da Esperança. A educação não era mais o ajustamento do ser aos moldes ditados pelos rabinos do Templo, a imposição de fora para dentro da moral farisaica, mas o despertar das criaturas para Deus através dos estímulos da palavra e do exemplo. A salvação pela graça não era um privilégio de alguns, mas o direito de todos. Jesus ensinava e exemplificava e seus discípulos faziam o mesmo. Chamava as crianças a si para abençoá-las e despertar-lhes, com palavras de amor, os sentimentos mais puros. Nem os apóstolos entenderam aquela atitude estranha: um rabi cheio da sabedoria da Torá perder tempo com as crianças ao invés de ensinar coisas graves aos homens. Mas Jesus lhes disse: "Deixai vir a mim os pequeninos, porque deles é o Reino dos Céus."

Sua condição de mestre é afirmada por ele mesmo: "Vós me chamais mestre e senhor, e dizeis bem, porque eu o sou." ...

A Pedagogia da Esperança oferece a todos a oportunidade de salvação, *porque a salvação está na educação.* **(p. 41)**

Jesus possui todas as qualidades do educador perfeito. Os recursos pedagógicos de que se serve conduzem o educando, com feliz e profunda alegria, à verdade essencial dos seus ensinos. Por isso pôde sacudir e despertar a consciência adormecida do seu próprio povo, asfixiado sob o peso excessivo da lei mosaica e da política imperialista da época.

Os ensinos de Jesus são sempre adaptados aos ouvintes. Ele pronuncia as suas palavras de forma compreensível para todos, sempre nas ocasiões mais oportunas. Recorre frequentemente às imagens e parábolas, dando maior plasticidade às suas ideias.

A pedagogia do Mestre é também gradual. Não cai jamais em precipitações que possam fazer malograr o aprendizado. Semeia e espera que as sementes germinem e frutifiquem: Tenho ainda muito a vos dizer, mas vós não o podeis suportar agora.

Como todo educador genial, Jesus emprega em alto grau a arte de interrogar, de expor, de excitar o interesse dos discípulos. Seus colóquios decorrem sempre num ambiente de incomparável simpatia. É digno, severo, paciente, segundo as circunstâncias e os interlocutores. Os seus ensinos são claros e intuitivos. Cria figuras literárias e busca exemplos da vida cotidiana para esclarecer o seu pensamento. Aperfeiçoou a forma da parábola e revestiu-a de incomparável esplendor. (Riboulet.)[25]

Seus ensinos têm um toque de autoridade (Eu sou o caminho, a verdade e a vida, todo o poder me foi concedido.) Mas exerce com suavidade a sua autoridade. Responde com bondade aos contraditores de boa-fé e com energia aos que querem combatê-lo. **(p. 42)**

Jesus criou a Didática Naturalista, que se funda nas leis naturais e delas se serve para o ensino espontâneo. Todas as suas lições eram dadas em termos comparativos, sem artifícios, com simplicidade e naturalidade.

---

25 **Louis Riboulet**, pedagogo e pedagogista francês e professor de filosofia na *Instituição Notre-Dame de Valbenoîte*, autor de diversas obras versando sobre os métodos pedagógicos.

Sua própria teologia não escapava a essa regra. Deus não era uma entidade mitológica, distanciada do homem, mas o pai dos homens, semelhante a todos os pais, vivendo no coração dos filhos e dialogando com eles no íntimo de cada um. **(p. 49)**

Kardec e a educação

Poderiam perguntar por que motivo Kardec não nos deixou nenhuma obra específica de educação espírita. A resposta é evidente: porque ainda era cedo para isto e porque faltou-lhe tempo para se dedicar a assunto tão complexo. A codificação do espiritismo, a Revista, as obras subsidiárias, os trabalhos de observação e pesquisa, a refutação incessante dos ataques feitos à doutrina consumia-lhe o tempo. E os espíritos recomendavam-lhe a todo momento poupar energias, para não deixar de concluir a sua missão de implantar a nova doutrina entre os homens.

A obra pedagógica e didática do prof. Rivail é enorme e foi adotada pela Universidade de França. Mas o Tratado de Pedagogia com que ele sonhara não pôde ser escrito. Sua missão espírita era demasiada absorvente e ele estava só, terrivelmente só. A esposa o auxiliava e havia muitos colaboradores sinceros, mas só ele percebia o alcance real do espiritismo. Assim, os grandes trabalhos não podiam ser feitos por mais ninguém. Mas se não conseguiu fazer o necessário no tocante à educação espírita, a verdade é que deixou a sua obra doutrinária impregnada do ideal educacional. O espiritismo, diziam-lhe os espíritos, tem por missão modificar o mundo inteiro. E Kardec afirmaria em *O Livro dos Espíritos*, de acordo com a sua orientação de pedagogo: "A educação é a chave do progresso moral". **(p. 37-38)**

Que bela visão desse processo educativo ele (Kardec) nos oferece neste trecho: "A verdadeira doutrina espírita está no ensino dos espíritos. Os conhecimentos que esse ensino encerra são demasiado sérios para ser adquiridos sem um estudo profundo e continuado, feito no silêncio e no recolhimento."
O que Kardec entendia por *estudo profundo e continuado* não era apenas autodidatismo, segundo parece sugerir a expressão: *no silêncio e no recolhimento.* Alguns espíritas desavisados escudam-se nessa expressão para condenar os cursos doutrinários. E o fazem em nome do pedagogo e professor que passou a sua vida dando cursos e nos deixou, no Projeto de 1886, este conselho que é ao mesmo tempo uma advertência: "*Um curso regular de espiritismo seria dado com o fim de desenvolver os princípios da ciência espírita e propagar o gosto pelos estudos sérios. Esse curso terá a vantagem de criar a unidade de princípios, de obter adeptos esclarecidos, capazes de difundir as ideias espíritas e de desenvolver grande número de médiuns. Encaro este curso como capaz de exercer influência capital no futuro do espiritismo e em suas consequências*". **(p. 35-36)**

Educação espírita

A educação espírita começa no lar. Nas famílias espíritas é dever dos pais iniciar os filhos nos princípios doutrinários desde cedo. A falta de compreensão da

doutrina faz que certas pessoas pensem que as crianças não devem preocupar-se com o assunto. Essas pessoas se esquecem de que os seus filhos necessitam de orientação espiritual e que essa orientação será tanto mais eficiente quanto mais cedo lhes for dada. Kardec, num trecho da *Revista Espírita*, conta como na França, já no seu tempo, a educação espírita no lar começava a produzir maravilhosos efeitos. [...]
Descuidar da educação espírita dos filhos é negar-lhes a verdade. O maior patrimônio que os pais podem legar aos filhos é o conhecimento de uma doutrina que vai garantir-lhes a tranquilidade e a orientação certa no futuro. **(p. 15)**

Não importa que alguns espíritas metidos a sabichões combatam a educação espírita. Deus os perdoará, porque eles não sabem o que fazem. O que importa é os pais se inteirarem de suas responsabilidades pessoais, que não podem transferir a ninguém, e tratem de cumpri-las. Se forem realmente espíritas, os pais saberão quanto o espiritismo lhes tem valido na vida. Que direito terão de negar aos filhos o conhecimento dessa doutrina que tanto bem lhes faz? Quererão que os filhos se extraviem no materialismo e na irresponsabilidade que desgraça tantos jovens de hoje? [...]
Espiritismo é educação. Educação individual e educação em massa. Muitas pessoas, mesmo entre as que se colocam à frente do movimento espírita e de grandes instituições doutrinárias, não são capazes de abranger na sua compreensão essas duas dimensões do processo educacional espírita. Querem reduzir a educação espí-

rita ao campo do autodidatismo. Só entendem a educação individual pela doutrina. **(p. 16)**

Mas o que é educação espírita? É o processo de orientação das novas gerações de acordo com a visão nova que o espiritismo nos oferece da realidade. A realidade compreende o mundo e o homem. Para o homem viver com proveito no mundo, deve saber, antes de mais nada, o que ele próprio é e qual o seu destino. Para que o mundo não aturda o homem é preciso que o homem saiba o que é o mundo. Nada disso pode ser conhecido sem o conhecimento dos princípios espíritas. **(p. 17)**

A primeira característica de *O Livro dos Espíritos*, nem sempre percebida, é a sua forma didática. Não fosse Kardec um pedagogo, habituado à disciplina pestalozziana, e os espíritos do Senhor não teriam conseguido na Terra um tão puro reflexo dos seus pensamentos. Mas a didática de Kardec nessa obra não se limita à técnica de ensinar. É uma didática transcendente insuflada pelo espírito, que mais se aproxima da Didática Magna de Comenius do que dos manuais técnicos dos nossos dias.

A educação espírita brota desse livro como água da fonte: espontânea e necessária. Logo na introdução temos um exemplo disso. Não se trata apenas de introdução à obra, mas à doutrina espírita. Ao invés de uma justificativa e uma explicação do livro, temos uma abertura para a compreensão de todo o seu conteúdo e até mesmo da posição do espiritismo no vasto panorama da cultura terrena, abrangendo as áreas até então conflitivas do conhecimento e estabelecendo entre elas as ligações indispensáveis. Sim, indispensáveis porque o conflito entre as áreas culturais era o maior obstáculo à compreensão global do homem que o espiritismo trazia. **(p. 48)**

Pode-se alegar que essa não foi uma realização de Kardec, *O Livro dos Espíritos*, e sim dos Espíritos. Convém lembrar que a organização do livro, e até mesmo a sua feitura na produção do texto, através das perguntas que provocaram as respostas espirituais, estiveram a cargo de Kardec. Nessa prodigiosa elaboração os espíritos contribuíram com a matéria-prima, mas Kardec foi o artesão paciente e lúcido, esclarecido e capaz.
A preocupação de Kardec com as palavras, por exemplo, revela o cuidado do professor terreno que tem de aplicar os termos com exatidão para se fazer compreender. Os espíritos não se importavam com isso, como muitas vezes disseram ao mestre, pois o que lhes interessava era o pensamento e seu significado intrínseco, sua substância. Mas Kardec estava encarnado – era o homem no mundo – e por isso mesmo atento aos problemas do mundo. Vemos na introdução como ele, logo de início procura e consegue definir com clareza os termos para que "a ambiguidade das palavras" não leve o leitor a confusões perigosas ou os possíveis exegetas a interpretações deturpadoras. **(p. 49)**

A pedagogia espírita distingue-se das várias pedagogias religiosas e da chamada pedagogia geral por incorporar os dados da ciência espírita. Esses dados são revolucionários por darem, como vimos no capítulo anterior, uma visão inteiramente nova do homem e, portanto, do educando. **(p. 81)**

[1] PIRES, J. Herculano. *Pedagogia espírita.* 1. ed. São Paulo: Edicel. 1985.

25

PARA NÃO DIZER QUE "SÓ" FALEI DE FLORES

Melhor repelir dez verdades do que admitir uma única mentira, uma única teoria falsa. De fato, sobre essa teoria poderíeis edificar todo um sistema, que desmoronaria ao primeiro sopro da verdade, como um monumento construído sobre areia movediça; enquanto, se rejeitais hoje algumas verdades, porque não vos são demonstradas lógica e claramente, logo um fato normal, natural, ou uma demonstração irrefutável virá vos afirmar a autenticidade disso.

(KARDEC, Allan. *O Livro dos Médiuns*. Cap. 20.)

EM RAZÃO DA respeitabilidade da doutrina espírita e da imagem que o expositor apresenta à comunidade em geral como sendo, em tese, o perfil de um espírita, resolvemos que este último capítulo teria que ser escrito, apesar de sua acidez própria do tema, mais como alerta do que como crítica.

Uma regra muito saudável e que já mencionamos (capítulo 16 – item 2), é que o expositor deve privilegiar temas dentro de sua área de domínio, para não cometer deslizes, que serão reputados na conta da doutrina. Quando essa regra é quebrada, não raro pronunciam-se afirmações grandiloquentes que não correspondem à verdade da área de conhecimento ao qual o tema pertence.

É aí que ouvimos certas barbaridades como:

- "O espiritismo está provado pela ciência".
- "A ciência já acredita na existência dos espíritos".
- "A física quântica provou a existência de Deus" (aliás atualmente existem dois vícios bastante comuns; o primeiro é imputar à física quântica tudo que ainda não sabemos como explicar; o segundo é colocar citações, as mais diversas, como se fossem da autoria de Einstein).

Às vezes essas derrapadas têm origem em livros de autores espirituais, desinformados ou pseudossábios. Cabe ao expositor, durante a sua pesquisa, exercer o mesmo critério de validar fontes, checar informações, consultar outros autores, não importando se a origem da informação é um livro (excetuando-se os livros da codificação e complementares de fonte segura), uma apostila de estudos, um site da internet, a fala de um palestrante ou qualquer outra fonte que seja.

Pesquisar significa ir a fundo nos conhecimentos relativos ao tema, analisando-os, estudando-os e validando aqueles que são autênticos, ao mesmo tempo que descarta aqueles sobre os quais paire qualquer nesga de dúvidas, afinal como Erasto nos ensinou "mais vale rejeitar dez verdades do que admitir uma única mentira, uma única teoria falsa", cuja falsidade ou credulidade recairia sobre a veracidade da doutrina como um todo.

Lembre-se que o expositor representa a doutrina, portanto, a credibilidade da doutrina muitas vezes é tomada pela credibilidade do expositor e, como consequência, rotularem a doutrina de mística e os espíritas de ingênuos, crédulos e ignorantes.

Esteja preparado para ser confrontado por algum dirigente espírita, não totalmente preparado, que tentará fazer valer sua opinião (dele) para chancelar atitudes e falas que não estão de acordo com o conteúdo da doutrina.

É provável que, em temas mais atuais em relação à codificação, e quando a visão de o dirigente divergir da visão comum da doutrina, você escute o argumento, "mas Kardec não falou sobre isso "ou até "é assim porque está de acordo com as diretrizes da casa".

Perante o uso de argumentos desse nível e pela visível falta de interesse em estabelecer a verdade, mas apenas fazer prevalecer ponto de vista pessoal, o melhor que você fará é não entrar numa disputa verbal. Ore para que, no futuro, novos erros não sejam cometidos, para manter a pureza da doutrina e siga o trabalho que veio fazer na casa. Lembre-se que o tempo é o senhor da razão.

26

REGRAS PARA USO DA TRIBUNA ESPÍRITA

NA TRIBUNA

Não saia da vossa boca nenhuma palavra torpe,
mas só a que for boa para promover a edificação,
para que dê graça aos que a ouvem.
Paulo. (EFÉSIOS, 4:29.)

NENHUM TEXTO RESUME melhor as características essenciais de um expositor espírita, como o que transcrevemos a seguir, transmitido pelo Espírito **André Luiz**, que escolhemos para encerrar este manual.

Palestrar com naturalidade, governando as próprias emoções, sem azedume, sem nervosismo e sem momices, fugindo de prelecionar mais que o tempo indicado no horário previsto.

A palavra revela o equilíbrio.

Calar qualquer propósito de destaque, silenciando exibições de conhecimentos, e ajustar-se à inspiração superior, comentando as lições sem fugir ao assunto em pauta, usando simplicidade e precatando-se contra a formação da dúvida nos ouvintes.

Cada pregação deve harmonizar-se com o entendimento do auditório.

Respeitando pessoas e instituições nos comentários e nas referências, nunca estabelecer paralelos ou confrontos suscetíveis de humilhar ou ferir.

Verbo sem disciplina gera males sem conta.

Sustentar a dignidade espírita diante das assembleias, abstendo-se de historietas impróprias ou anedotas reprováveis.

O orador é responsável pelas imagens mentais que plasme nas mentes que o ouvem.

Nas conversações, não se reportar abusiva e intempestivamente a fatos e estudos doutrinários de entendimento difícil, devendo selecionar oportunidades, quanto a pessoas e ambientes, para tratar de temas delicados.

A irreflexão é também falta de caridade.

Manter-se inalterável durante a alocução, à face de qualquer situação imprevista.

Os momentos delicados desenvolvem a nossa capacidade de auxiliar.

Procurar abolir, em suas palestras, os vocábulos impróprios, as expressões pejorativas e os termos da gíria das ruas.

O culto da caridade inclui a palavra em todas as suas aplicações.

Sempre que possível, preferir o uso de verbos e pronomes na primeira pessoa do plural, ao invés da primeira pessoa do singular, a fim de que não se isole da condição dos companheiros naturais do aprendizado, com quem distribui avisos e exortações.

Somos todos necessitados de regeneração e de luz.

VIEIRA, W. *Conduta espírita*. Série "André Luiz". 21. ed. Pelo espírito André Luiz. Brasília-DF: FEB Editora, 1998. 14 – Na tribuna.

VOCÊ PRECISA CONHECER

A vingança do judeu
Vera Kryzhanovskaia / J. W. Rochester (espírito)
Romance mediúnico • 16x22,5 • 424 pp.

O clássico romance de Rochester agora pela EME, com nova tradução, retrata em cativante história de amor e ódio, os terríveis fatos causados pelos preconceitos de raça, classe social e fortuna e mostra ao leitor a influência benéfica exercida pelo espiritismo sobre a sociedade.

Peça e receba – o Universo conspira a seu favor
José Lázaro Boberg
Estudo • 16x22,5 cm • 248 pp.

José Lázaro Boberg reflete sobre a força do pensamento, com base nos estudos desenvolvidos pelos físicos quânticos, que trouxeram um volume extraordinário de ensinamentos a respeito da capacidade que cada ser tem de construir sua própria vida, amparando-se nas Leis do Universo.

Getúlio Vargas em dois mundos
Wanda A. Canutti / Eça de Queirós (espírito)
Romance mediúnico • 16x22,5 • 344pp.

Getúlio Vargas realmente suicidou-se? Como foi sua recepção no mundo espiritual? Qual o conteúdo da nova carta à nação, escrita após sua desencarnação? Saiba as respostas para estas e outras perguntas, agora em uma nova edição, com nova capa, novo formato e novo projeto gráfico.

Não encontrando os livros da EME na livraria de sua preferência, solicite o endereço de nosso distribuidor mais próximo de você através de
Fones: (19) 3491-7000 / 3491-5449
(claro) 99317-2800 (vivo) 99983-2575
E-mail: vendas@editoraeme.com.br – Site: www.editoraeme.com.br